海外陶瓷研究名家译丛

中国早期陶瓷器物

The Early Ceramic Wares of China

［英］A.L.赫瑟林顿 著

邬玲琳 译

江西高校出版社
JIANGXI UNIVERSITIES AND COLLEGES PRESS

图书在版编目（CIP）数据

中国早期陶瓷器物/（英）A. L. 赫瑟林顿著；邬玲琳译
. --南昌：江西高校出版社，2024.2（2025.1重印）
（海外陶瓷研究名家译丛）
书名原文：The Early Ceramic Wares of China
ISBN 978 - 7 - 5762 - 4778 - 7

Ⅰ. ①中⋯　Ⅱ. ①A⋯　②邬⋯　Ⅲ. ①瓷器（考
古）—研究—中国—古代　Ⅳ. ①K876.34

中国国家版本馆 CIP 数据核字（2024）第 018126 号

中国早期陶瓷器物

ZHONGGUO ZAOQI TAOCI QIWU

出版发行	江西高校出版社
社　　址	江西省南昌市洪都北大道96号
总编室电话	（0791）88504319
销售电话	（0791）88522516
网　　址	www.juacp.com
印　　刷	固安兰星球彩色印刷有限公司
经　　销	全国新华书店
开　　本	787 mm×1092 mm　1/16
印　　张	7.5
字　　数	150 千字
版　　次	2024 年 2 月第 1 版 2025 年 1 月第 2 次印刷
书　　号	ISBN 978 - 7 - 5762 - 4778 - 7
定　　价	78.00 元

赣版权登字 -07 -2024 -121

卷首插图

骆驼骑士,褐釉与绿釉,高 28 英寸,唐代,G. 尤摩弗帕勒斯先生藏品。

《中国早期陶瓷器物》是由英国收藏家、鉴赏家,东方陶瓷学会发起人之一,二十世纪早期中国高古陶瓷研究学者 A. L. 赫瑟林顿所著。本书以历史朝代和窑口为脉络,梳理了中国明代之前陶瓷发展的历程,结合分析各窑口陶瓷特色,清晰再现了历史长河中中国璀璨的陶瓷艺术文化。所辑陶瓷主要选自汉至宋代,反映早期西方博物馆和收藏家研究和收藏中国高古陶瓷的情况。本书图文并茂,具有重要的文献价值。为了便于译文读者理解,我们在翻译过程中添加了大量的脚注,对部分编排体例进行了调整,现简要说明如下:

一、脚注主要包含以下几类信息:

1. 原书中提到的部分中外学者和历史人物的生平概要,如霍布斯、克努特国王等。

2. 地名、机构名等的说明,如宋卡洛、婆罗洲等。

3. 原书信息的勘误或勘误说明,如原著中提及隋朝(589—618),实际上隋朝时期应该是公元 581 年至公元 618 年。

二、鉴于朝代年份存在不符和译文读者阅读价值不高等情况,译著中删除了原著的第二、三、四章,以及中国朝代顺序表和中文词汇表。

三、原著插图列表自插图 34 图 1 起之后内容缺失，译者根据原著内容补充完成。

四、将原著的插图列表按照现代编辑规范调整为附录。

2023 年 8 月

序

　　越来越多的人热衷于中国早期陶瓷研究。陶瓷的多样性和内在美，以及陶瓷研究的新奇性（由于该研究尚未成熟）和陶瓷收藏的投机因素，使得中国早期陶瓷研究别具吸引力。

　　的确，在过去十年，我们对中国早期陶瓷的了解大有增进，但仍无法跟上资料积累的步伐。为了满足日益增长的需求，来自中国的资料越来越多。这也正是早期中国陶瓷在当今收藏界的魅力所在。这种资料本身就极具吸引力，这一点不言而喻。中国陶工天赋异禀，他们在巅峰时期创作的作品是世界上最好的作品。仅仅收藏这些就已是一种快乐，但这只是收藏家对此的一部分兴趣所在。了解陶瓷，揭示其秘密，在陶瓷史上追溯其来源，亦是陶瓷收藏家闲暇时的一件乐事。此过程困难无比，却成就感十足。如果收集过程过于简单，那么陶瓷收藏就丧失了一半的魅力。我们希望中国的作家对这些美妙的陶瓷提供一些生动、详细的描述，但他们书中给出的描述，不仅简短得令人失望，而且常常晦涩难懂。我们尝试从多个角度来解读，但内容仍是难以理解。我们需要一些实用的理论研究，但在此之前我们需要先对旧陶瓷遗址进行系统性挖掘。

　　同时，我们还需要评估现有的资源，了解我们已经取得了哪些进展，还有哪些工作要做。我们对汉唐陶瓷已经有了大体的认识，但仍需具体了解这两个朝代的相关器物。此外，我们还必须承认，我们对唐朝时期的陶瓷一无所知。

至于宋朝的瓷器，人们确实尝试过分类，但工作还远未完成。在中国作家口中广受赞誉的六类典型窑器中，我们可以辨别的有定窑、钧窑和龙泉窑。至于其他三类——汝窑、官窑和哥窑，仍处于探究阶段。通过回顾现代仿制瓷和中国典籍中的相关描述，我们得到了一些初步结论。

除了上述宋代陶瓷精品外，我们还了解了其他一些陶瓷类别，例如建安的兔毫釉黑陶和庞大的磁州窑系。其余则状况各不相同。有些是界定不明，如北方青瓷和江南定瓷；有些历史悠久的窑口，例如池州，其窑器至今未见；还有一些窑口，例如湖田，仅知名字而已；甚至还有许多的陶瓷器物，尚无法与我们已知的窑口相匹配。

显然，我们的研究还有很多欠缺。中国幅员辽阔，面积超过欧洲，陶瓷业有着近三千年的悠久传统，这是何等的神奇。在繁荣时期，有数百家窑口在生产陶瓷，而这些窑口中，我们了解的仅有十几家。可以确定的是，中国各个省份的小作坊曾大量效仿这些经典窑器。有些古老的陶瓷类型在其原产地早已消亡，却在其他遥远的地区持续生产了很长时间。因此，对于明智的收藏家来说，能对小部分藏品进行分类便已知足，不会强行对其余藏品进行精确分类。

与此同时，收藏家和学生们不断为我们提供新的信息。我们则需要一种便捷的方式来获取这些知识。目前市面上没有价格合理的书籍能满足这项需求，而赫瑟林顿先生在满足这一需求方面为公众做出了巨大贡献。他对这项工作准备充分。他以一位收藏家的热情和对收藏的理解来完成这项工作。毕竟，他克服收藏困难，非常了解收藏家的需求和不足，也深刻体会过收藏的痛苦和喜悦。

R. L. 霍布森

1922 年 1 月

前
言

写这本书的目的是为那些对中国早期陶瓷感兴趣的人提供信息,为他们在不同的收藏阶段提供帮助。目前,尽管有大量书籍介绍中国明朝以来的、更知名的一些陶瓷,但关于明朝之前陶瓷的书籍相当匮乏。

尝试以 R. L. 霍布森①先生在《中国陶瓷》第 1 卷中所采取的方式来区分中国早期陶瓷是不合理的。《中国陶瓷》刚出版时,也就是五六年前,许多收藏家都会查询该书以获得最充分的信息。但就在这短短数年间,我们从来自中国的标本中获得了更多的知识。除此以外,霍布森先生的那本书现在很难买到。该书限量出版,这对于从事中国早期陶瓷研究的新手来说极其不幸。

对中国明代之前的陶瓷感兴趣的人越来越多,本书的目的就是帮助他们了解 1368 年之前中国窑口瓷器的主要特征。本书将以较为通俗的方式来进行描述,但又要足够详细,以满足那些勤奋好学的收藏家的需求。S. W. 卜士礼②医生翻译的《陶说》译本对学生来说非常珍贵,但中国文字的多义性使得

---

① R. L. 霍布森(R. L. Hobson,1872—1941),英国知名艺术鉴赏家,西方研究中国陶瓷的权威学者,东方陶瓷学会创始人之一。——译者注

② S. W. 卜士礼(S. W. Bushell,1844—1908),英国医生,东方学家,在中国陶器、钱币学、西夏文研究等方面都有贡献。——译者注

阅读该译著极为不易。此外，这本书也难以得到。由波世·莱兹①先生编辑、纽约大都会艺术博物馆②出版的《中国早期陶器与雕刻展览图录》（*Catalogue of an Exhibition of Early Chinese Pottery and Sculpture*）也存在同样的难题。

几千年前，老子曾说过："知者不言，言者不知。"在讲述这种难度极大的主题时，这一格言绝不适用。如果没有许多资历深厚的朋友们的鼓励，我不会接受这份邀请来编写此书。

参考书目中的文献资料已经过审阅，其中有一两部中文著作，据我所知，迄今尚未译成英文，在此我非常感谢那些给我提供过帮助的朋友们。关于历史部分和中文参考文献，我要感谢东方学院院长和其工作人员的大力协助；我要特别感谢 A. N. J. 怀曼特先生（Mr. A. N. J. Whymant），他在我最初学习中国思想和文化概况时给予了指导，并对上文提到的中国著作做了核查；感谢瑞思义③先生和爱德华兹小姐（Miss Edwards），他们也为我提供了类似的帮助。最后提到的两位都仔细阅读了我书稿中关于中国历史和习俗的描述，并给出了修改意见。爱德华兹小姐阅读稿件后对汉字部分进行了核对，使我的工作得以完善。

关于这本书的主要部分，霍布森先生和伯纳德·莱克汉姆先生（Mr. Bernard Rackham）阅读了书稿中的多个章节，他们的建议和帮助使我受益匪浅。霍布森先生为该书作序，我深表感谢。伯纳德·摩尔先生（Mr. Bernard Moore）和威廉·伯顿先生（Mr. William Burton）在制瓷技术方面给予了我帮助。科利教授（Professor Collie）允许我在书中使用他关于早期胎体和釉料成分研究的相关内容。在介绍制瓷技术的章节中，我再次提到了他给予的帮助。

为本书挑选插图时，我遵循了一种略为特殊的原则。除了一两个特例，

---

① 波世·莱兹（Bosch Reitz，1860—1938），荷兰艺术家，曾任英国大都会博物馆"远东部"（1986年更名为"亚洲部"）主任。——译者注

② 纽约大都会艺术博物馆（Metropolitan Museum of Art，New York），美国最大的艺术博物馆。——译者注

③ 瑞思义（Hopkyn Rees，1859—1942），字宜卿，威尔士人，英国伦敦会教育传教士，语言学家。——译者注

其他所选都不是最罕见、最昂贵的标本,也都不来自知名国家博物馆。插图主要来自私人收藏家的典型精品。在我看来,寻常人更愿意看到他们能接触到的事物,而不是那些价值连城、永远不可能出现在他们收藏柜里的标本。博物馆里面的展品可以直接观看,而插图无论多么精美,都不及实物有启发性。不过在此我想补充一点,E. H. 巴克尔①先生的插图对我帮助非常大。他不仅亲自指导了大部分的摄影作品,而且就如何最好地呈现作品,以展示我想强调的特征,给了我许多宝贵的建议。

为方便起见,在相关章节的末尾,该书对半色调插图进行了分组。

标本所属收藏家名字均已注明,以此向这些提供过帮助的朋友们表达谢意。然而,在此必须特别提到一个人,那就是 G. 尤摩弗帕勒斯②先生。他对中国艺术研究之深,英国无人能比。他的收藏在完整性方面也无与伦比,能与之媲美的只有他将藏品向公众开放的慷慨大方。他长期将藏品借给维多利亚与艾尔伯特博物馆③之举足以证明他的慷慨。G. 尤摩弗帕勒斯先生的展柜也总是向朋友们开放。由于他对这些藏品十分了解,所以在参观过程中大家总能收获颇多。

A. L. 赫瑟林顿
1922 年 2 月

---

① E. H. 巴克尔(E. H. Parker,1849—1926),英国驻华外交官,汉学家,致力于中国语言、宗教及文化的研究和传播事业,著有《蒙古游记》《比较中国家庭惯例》《中国同外国人的关系》等书。——译者注

② G. 尤摩弗帕勒斯(George Eumorfopoulos,1863—1939),英国人,20 世纪上半叶颇具影响力的中国艺术收藏家,东方陶瓷学会创始人之一并担任首任主席。——译者注

③ 维多利亚与艾尔伯特博物馆(Victoria and Albert Museum),为纪念维多利亚女王和艾尔伯特亲王而命名,成立于 1852 年,是世界上最大的装饰艺术和设计博物馆。——译者注

目 录

第一章　概述

　　"艺术如芦苇,随风而动,亦如变色龙,可暂改形态。但它终究是芦苇。艺术亦如此,今日或会刮起(某时尚之)风,但本质终不变。历史会证明,要研究一个国家的艺术、陶瓷、音乐和设计,就必须研究这个国家的历史。"①

　　该说法虽源于早期格言,却收录在董其昌的作品中。董其昌,中国艺术家,生于1555年,卒于1636年。他曾与同僚共同开创一个流派,以绘画著称。

　　要真正认识中国陶瓷艺术发展的不同阶段,就必须全面了解中国不同时期的政治。在对中国早期陶瓷进行总体描述前,必须先简单介绍一下与之相关的中国历史。董其昌显然认为研究中国艺术之前有必要先了解中国历史,但普通收藏家很难意识到这一点,即使他们意识到了,也没有时间、没有兴趣去阅读相关权威著作。因此,我将试图通过概述那一千五百多年中各统治王朝的主要特征,来向读者介绍从公元前200年到公元1368年这一漫长时期内中国的主要陶瓷类型。

　　古董是一个相对术语。英国和欧洲大陆的陶瓷收藏家用这个词代指制作于18世纪的陶瓷器物,但本书所涉及的所有器物都是在查尔斯一世②即位前制作的,而且大部分是来自从克努特国王③在海边向臣下讲授自然科学到爱德华王子(Prince Edward)在伊夫舍姆(Evesham)打败西蒙·德·蒙德福特(Simon de Montfort)的那段时期。我们对中国文明的古老性只有模糊的认识,并且我们很难意识到这点,例如在恺撒大帝④来到英国之前,足球已在中国盛行了数个世纪,马球亦是如此,始于7世纪。⑤

　　这些事实令人震惊,但有助于我们调整心态,也有助于解释为什么我们很早就在中国发现了最精美的陶瓷艺术形式,而同时期我们在英国和欧洲大陆看到的只是最粗糙的陶瓷器物。费诺罗萨教授(Professor Fenollosa)个人认为,中国陶瓷的鼎盛时期是唐朝(7—9世纪)。

---

　　① 未在董其昌作品中查找到该段内容。——译者注

　　② 查尔斯一世(Charles I,1600—1649),斯图亚特王朝的第十位苏格兰国王、第二位英格兰及爱尔兰国王。——译者注

　　③ 克努特国王(Canute,995—1035),当时西北欧真正的霸主,是诺曼人征服时代的风云人物,他使丹麦国势达到鼎盛,史称"克努特大帝"。——译者注

　　④ 恺撒大帝(Julius Caesar,前100—前44),罗马共和国(今地中海沿岸等地区)末期杰出的军事统帅、政治家,罗马帝国奠基者。——译者注

　　⑤ 见《耀山笔记》(*Adversaria Sinica*),翟理斯(Herbert Allen Giles)著。——原注

然而，当今大多数收藏家都认为康熙、雍正和乾隆时期（1662—1796）所产瓷器是中国所有瓷器中最令人满意的。这很大程度上是因为仅存的早期标本直到最近才走入英国大众视野并受到关注。① 现在越来越多的收藏家对 17 世纪末和 18 世纪那些更为精致的作品失去兴趣，改而收藏唐、宋、元、明时期类型更简朴、艺术更纯粹的陶瓷器物，尤其是前面三个朝代的。

明前陶瓷的装饰和器型主要展现陶工艺术，与器物材质相匹配。在明朝，当青花和五彩被普遍运用时，这种艺术仍然是陶工艺术，并与陶工使用的材料相匹配。换句话说，装饰得恰到好处。到康熙年间，我们首先看到的是过度精雕细琢的器物，很难与使用的材料匹配。但雍正时期，尤其是乾隆时期的精美瓷器，显然使用了一些艺术工艺。以此我想表明，在陶瓷上用釉绘制的这些漂亮图画更适合丝绸和艺术家的画布。当然这种概括也有例外，许多后来的标本被装饰成人们所说的"中国风"，极具艺术性，用来区别于外销瓷。

于是我们可以顺理成章地提出以下问题：这些早期的标本如今是怎么来到英国和其他西方国家的？为什么以前没有？怎么保证它们是真品？历史事实和商业价值为此提供了答案。

几个世纪以来，陶瓷艺术在中国一直备受推崇。在西方，建筑美学常常拥有巨大的吸引力；但在中国，艺术在日用品中的表现更受欢迎。任何一位有地位的中国绅士，都会有几件精美的瓷器标本，富人们也都为自己拥有上等的收藏品感到自豪。此外，中国人对一切与过去有关的事物都有着根深蒂固的热爱：祖先崇拜和孝道在他们的生命中深深扎根。几个世纪以来，他们一直把陶瓷作为自己的珍宝和传家宝，只有遇到严重财务危机时，才会舍弃这些。近年来普遍存在的金融状况，在一定程度上解释了中国陶瓷为何流向海外；尤其自从这些早期陶瓷器物在欧洲更受欢迎以来，它们的市场价值也得到了相应提高。

此外，国家发展带来了铁路建设，有利于加速各种运输。隋朝（589—618）②隋炀帝下令开凿的大运河，以及其他河流和道路，几个朝代以来一直是主要的交通渠道。铁路修建自然需要路堑，其中一些地方原是墓地。为了修建铁路，深埋在地下的各种陶瓷器皿和雕像得以出土。由于中国人对坟墓有着根深蒂固的敬畏之心，几个世纪以来它们一直深埋地下，不受打扰。

由于西方宗教和其他方面的影响，陶瓷的价值不断攀升，但只有很小一部分陶瓷如今为世人所见。当我们想到中国数以百万计的坟墓，其中许多都埋葬着重要的陶瓷制品

---

① 为证实这一事实，请参照柏林顿美术俱乐部（Burlington Fine Arts Club）1896 年中国陶瓷展览图册，共有 549 件瓷器，其中仅 10 件具备宋瓷特征，无任何宋朝之前的瓷器。——原注

② 隋朝时期实际为公元 581 年至公元 618 年。——译者注

时,我们可能会希望看到更多的古代墓葬品。此外,数百年来存放在寺庙中的陶瓷被投放市场。如今,我们还只是刚开始有进一步了解,预计五十年后西方对中国陶瓷的了解将会大有突破。

探索墓地不是获取陶瓷相关知识的唯一渠道。我们希望有一天,在不久的将来,这些著名窑址能得到适当、科学的开发。我们已经收到了来自其中一些窑址的标本,尤其是浙江省龙泉区的标本,如果能够系统地探究这些窑址,我们的知识将在相当大的程度上得到拓展。对以陶瓷为题材的中国文学作品进行更广泛的翻译,也能增加我们目前有限的信息,本书下文引用的几种中国文献可作为参考。尽管这些并没有为我们的知识提供任何实质性的补充,但它们至少是有趣的。陶瓷为记录最早时期的故事和寓言提供了媒介,但这种瓷器主要来自明朝和清朝,因为早期的瓷器很少使用图画装饰。瓷器上的这些传说和逸事可以写成一本书,但有趣的是它们主要与16世纪至19世纪的青花和五彩瓷有所关联。

早期陶瓷器物的魅力巨大,因为它们古老,年代久远会增加其吸引力。正是其美丽的色彩和简朴的造型吸引了众多收藏者,使得他们热衷于收集大约一千年前制作的瓷器。无论是当今的职业陶工、专业艺术家,还是艺术评论家,都在颂扬明朝之前的陶工及其技艺。清王朝的中国窑口主要致力于复制早期陶瓷,虽然也记录了当时的一些新工艺,但几乎都是在宋朝出现过的;反之,宋朝陶工曾使用的一些技术在后世却再没有被完全掌握过。此外,中国的釉料一直是欧洲陶工所望尘莫及的。尽管像伯纳德·摩尔先生和伯顿兄弟这样的科学大师差一点就复制出这些釉料,但我想他们会第一个承认他们现在努力重现的效果在中国好几百年前就已经实现了。

中国早期器物基本造型简朴,这也是仿制的难点。无论造型还是装饰,寥寥几笔更容易暴露学艺不精,比复杂构图更难以模仿。用六句话来描述任何事物,远比用一两句话要容易得多。就艺术而言,大师的一两笔绝对比低水平艺术家或工匠的十几笔效果更好。

令人震惊的是,许多对明朝瓷器和18世纪初的清朝瓷器非常感兴趣的收藏家,逐渐对它们失去了兴趣,反而更热衷于明前瓷器;但与此相反的情况,却极为罕见。当然,由于前面提到的原因,早期陶瓷的收藏者目前数量并不多,因此不能过分强调相对少数人所表现出的这种热情。但是,"我最近一直在收集早期陶瓷"这句话越来越常被听到。一位收集康熙、雍正时期瓷器的收藏家见到一件正在出售的定窑白瓷,奶白釉下绘制着精美图案,他为之着迷,完全陷入其中只是时间问题;因为有了宋朝陶工的精品,后期那些过于精致的器物便再难以入眼。我们不难举出类似的例子:人们在观赏18世纪名瓷时表现冷淡,却对一件龙泉青瓷充满热情。读者会说,这种观点是片面的,不具有说服力,因此我们必须给想要开始研究本书所述器物的未来收藏家提一些建议。

精品价高,随着时间的推移和收藏者数量的增加,其价格不可能降低。除了墓葬品,其他渠道的出土量都十分有限。尽管近年来由于上述原因精品有所增加,但很可能获取真品的过程会越来越困难。此外,各国正在建立的国家博物馆和市政博物馆,肯定会吸收和保留大部分精品。通常,私人藏品会在主人去世后转手,成为他人的收藏。但博物馆的藏品,虽可供参考,但从未或几乎从未在市场公开出售过。如不能经常接触和查看这些藏品,即使可能,也很难成为这些器物的真正研究者。而能经常接触和查看藏品的只有藏品主人。

要想研究胎骨与釉料特性并非只能参考完整标本,但许多标本碎片确实无法用于研究,因为其器型与设计留有太多想象空间。然而,一个破损的碗或盘就可以满足研究的所有基本要求,而且修补过的标本价格远低于完整标本,所以那些资金有限的爱好者宁愿要受损的一等工艺品而不要完整的二等品。这样一来,他们的钱包损失更少,而快乐更长久。事实上,用金漆修复好的碗、盘或花瓶,虽然裂缝更明显,但绝不会因此而外形受损。

另一个建议就是花时间慢慢收集,但爱好者会觉得很难做到这点。想要得到一个未曾见过的标本的诱惑是极大的,但这只会让你下次在见到一个更精美的标本(尽管是修补过的标本)时深感后悔。于是你舍弃之前那个不太想要的,这很可能给你带来经济损失。

此外,人们倾向于仅仅因为便宜而购买一件艺术品,尽管已经有了一个满意(可能更好)的标本。但这不是收集而是堆积,家可能会变成一个"瓶瓶罐罐"仓库,主人与之也只是一面之交。标本收集应该带有明确目标,即填补收藏空白。

数世纪前,一位中国鉴赏家曾说过,"贵瓷铜,贱金银,尚清雅也。忌环,忌对"①。在此,我们知道了本土收藏家的观点,无论多么想要一对同款藏品,也不应这么做,因为其成本很可能是单件的两倍以上,且不会丰富收藏。

毫无疑问,早期我们会强烈嫉妒他人的藏品,但收藏家们惺惺相惜,互相鼓励,欣赏各自的鉴赏力,也不会产生贪婪之心。或许收藏最大的魅力之一就在于收藏过程中建立的友谊。

① 见《陶说》第5卷。——原注

第二章　周朝与汉朝陶瓷

公元前2360年左右深受人们喜爱的猩红色黏土制成的陶器还未经证实,尧帝时期用各色黏土制成的器皿也尚不为人所知。

周朝经历了漫长的统治时期,从公元前1122年至公元前255年①,这段时期生产的实用陶器已为世人所知。周朝主要以青铜器艺术著称,但也生产了大批实用陶器。周朝陶器器型单一,装饰简朴。我们很快便能了解到,在接下来的汉朝,陶瓷艺术取得了重大发展。

周朝陶器主要由硬质灰黏土制成,表面无釉。此类陶器常为手工成型,但从已出土的标本上可见陶车的使用痕迹②。

周朝的陶器装饰,包括影线,有时为交叉影线,形成大量小的钻石形凸起;有时亦为菱形图案。插图1图2中的三足瓮即为影线装饰,容器内部腔窝向下延伸至三短足,足底由下往上看,呈三角形,中心略空,器皿两侧底部瓮足间有凹陷。

还有一个有趣的六边形花瓶,现存于英国维多利亚与艾尔伯特博物馆,产自周朝。花瓶侧面为原始风格的动物与人像浮雕。胎体为深煤渣灰色。

目前尚未出现秦朝时期的系列标本,但劳费尔在其著作《汉代陶瓷器论考》(*Chinese Pottery of the IIan Dynasty*)中提到方法敛③先生有一个重大发现④,是一块刻有"齐"字的砖。大约在公元前221年,这一封建王朝便已被秦始皇完全攻占。

虽然这些早期陶瓷并不具备很高的艺术品质,仅有一些考古价值,但仍需提及,因为这有助于读者了解之后将要讲述的高质量的汉朝陶瓷。值得注意的是,在公元前几个世纪,中国陶工的制瓷技艺已非常高超。当然,在制陶方面,中国人并未领先于埃及人,也没有领先于波斯人,埃及人和波斯人的制瓷工艺在某些方面更加先进⑤。但是按欧洲标

---

① 此处时间有误,应为公元前1046年至公元前256年。——译者注
② 见贝特霍尔德·劳费尔所著《瓷器的开端》(*Beginnings of Porcelain*),第171页——原注。未找到该书的相关信息,考虑应是《中国瓷器的开端》(*Beginnings of Porcelain in China*)。——译者注
③ 方法敛(Frank Herring Chalfant),生卒年不详,美国匹兹堡人,1888年由美国基督教派到中国山东传教。——译者注
④ 第十九章提到方法敛先生在山东潍县发现的宋瓷很可能产自博山窑厂。——原注
⑤ 例如,正如霍布森先生指出(《中国陶瓷》,第1卷第9页),古埃及便开始使用釉料,在苏萨的波斯砖和帕提亚的棺材上都发现了釉。另请参照该卷第62页,其中结合技术探讨了该问题。——原注

准,可以说中国陶工已上到六年级,而此时不列颠群岛的陶工还处于幼儿园阶段。

正如我们所知,汉朝从公元前206年一直延续至公元25年,之后是后汉或称东汉(25—221)①。虽然汉朝那些更为坚硬、更像瓷器的器物都来自后汉,但就本书而言,无须对这两个朝代进行区分。

早期汉朝陶器的胎体与釉料特点用几句话便足以概括。汉朝陶器胎体几乎都是红色,色调深浅不一,包括相当柔软的彩陶或陶器;有时胎体呈煤渣色或灰色,其颜色差异源自中国各地区的黏土差异。

似乎产于后汉的器物质地更硬,更像瓷器:一般为深灰色,敲击时发出独特的声响。有人试图证明"瓷器"在汉代前已存在,却疑点甚多,但此时所提及的器物肯定已具有许多在中国意义上②被归类为"瓷器"的特征。

如果我们用"瓷质炻器"来描述一种非半透明但具有其他瓷器属性的器物,那公元后所产的许多汉朝器物均可属这一类。人们创造了"原始瓷器"一词来形容此种早期器物,而后工艺逐渐精进,最终形成了大众最熟知的中国物质——瓷器。

釉最早于该时期开始使用,仅出于此原因,汉朝在陶瓷史上就占据着重要地位。我们已了解,在汉朝,中国第一次真正接触到西方文化。也许正是此种交流导致了釉的使用。釉用以装饰陶器,并使其不透水。釉色一般为绿色,色调通常较深;但许多标本的釉色为黄色或褐色,亦有一些为黑色。铅釉长期埋藏地下,发生分解,产生了极其美丽的银色或金色。此种效果惊人,难以描述。在读者见到实际标本之前,可以将其釉色想象成鲭鱼(mackerel)③下侧的银色皮肤,此种比喻最为贴切。此种鱼皮肤上的银色光泽和铜金色彩与长期埋藏地下因化学反应而分解的汉朝釉极其相似。

在后来的一些标本上还发现了一种褐色的化妆土④,上面覆盖一层透明釉。这种技术非常有趣,在唐宋瓷器中得到广泛运用。此外,我们还发现一些标本,釉水以条纹状向下流淌,最终在接近容器底部时以水滴状终止;在之后的瓷器中我们也发现了一些类似的标本。

然而,典型的汉朝陶器是由暗红色或灰色陶土制成的,上面覆盖一层绿釉或褐釉,几乎完全覆盖至底部,而这种釉色几乎总是或多或少带点银色。此种釉面通常会出现细微

---

① 东汉时期实际为公元25年至公元220年。——译者注

② 参见(本书原著)第80页,其中讨论了中国意义上和欧洲意义上的瓷器问题,并给出了"瓷"一词的定义。——原注

③ 鲭鱼(mackerel),大西洋北部沿海和地中海地区的一种食用鱼,体呈梭形,侧扁。头尖口大,密生小齿,鳞圆细小。背鳍有前后两个,背部青绿,有波浪状花纹。腹部银白。——译者注

④ 术语"化妆土"见(本书原著)第47页。——原注

开裂①,且由于埋藏地下数百年,其表面通常会附着一层水垢似的硬土。

陶器烧制时用"支钉"支撑,"支钉"是一种用来支撑器物的小型凸起物,标本底部常能发现三五个支烧痕。显然,一些大型器物需要多次烧制,因此可能会在器物的不同侧面发现第二组甚至第三组支烧痕②。

一些标本的口沿处有支烧痕迹,其釉水流向也证明其为覆烧③而成。插图4图1的带耳椭圆形碗,有两滴釉突出于边沿的水平面,这显然是覆烧的结果。

虽然胎体和釉料总体特征无实质性差异,但汉朝陶瓷器型丰富多样,因此有必要介绍其主要类型,以便收藏者正确认识这些标本。此书无法详尽论述这一主题,想要深入研究汉朝陶器的读者可阅读贝特霍尔德·劳费尔先生关于这一主题的论文④,在其中会找到各种形状和装饰的详尽描述。

汉朝陶器包括日常实用器具和明器。人们可能会对前者的精美装饰及后者的朴素粗犷感到震惊。这其实并不奇怪:活人能欣赏和享受装饰并领会其中的深意;而墓葬用品只是为了满足逝者新的生理需求,而非审美品位,因此可能会呈现出一种新的形式。爱丁堡附近的罗斯林教堂(Rosslyn Chapel)⑤便是如此,教堂里放置着师傅之柱和学徒之柱这样令人惊叹的艺术作品,但地下室只有光秃秃的砖墙。

要记住,有些器皿是专为墓葬而制,而有些则是将日常使用的陶器放置在棺椁旁边。专为墓中亡者所制的陪葬物品是以生者用具等为模型:除小型炉灶和炊具外,还发现有微型谷仓塔和粮仓瓮、农舍模型和井口装有井桶的水井模型。粮仓瓮为一个圆柱形坛,下有三足,常为蹲熊造型,瓮盖突出瓮身,盖上垂脊将盖分为五个区间;瓮内装有亡灵所需的各式谷物。此类无盖标本更为少见。这些粮仓瓮完全不同于西方国家火葬后用来存放骨灰的骨灰坛。

粮仓瓮侧面有时以卷轴纹装饰,但更多的没有装饰,只在胎骨上雕刻简单腰线,如插图1图1所示。

农舍模型看起来像是简陋的陶制小屋,有如孩子的玩具。农舍留有门窗位置,长面之一通常敞开,也许是为了方便亡灵进出。里面可能会放一个小型碾米机或其他农具。

---

① 釉料开裂是指釉料非人为开裂,这与宋朝和后来陶工人为制造的裂纹不同。——原注
② 参见贝特霍尔德·劳费尔所著《汉代陶瓷器论考》第82页。——原注
③ 覆烧,瓷器装烧方法之一,又称"伏烧"。指把盘、碗一类的坯件反扣在窑具上的支烧方法。可分为釉口覆烧和芒口覆烧两种。——译者注
④ 《汉代陶瓷器论考》。——原注
⑤ 罗斯林教堂(Rosslyn Chapel),又被称作马修天主教堂,坐落在苏格兰爱丁堡市以南7英里处的罗斯林镇,最初是用来给石匠们居住的。该教堂建造于1446年,迄今已有500多年的历史。——译者注

还有微型井口，形状与原物相似，顶部有两根立柱相连。交接点上方有一个滑轮，通过滑轮将水桶从井中拉出。在插图2图2中，我们可以看到一个小水桶放置在井边。

炉灶模型也很常见。这种模型由多个长方形盒子构成，一端有一两个投柴孔，顶部有两三个灶眼，上面摆放烹饪器具。顶上还有一个小烟囱，远离投柴孔，这样就构成了一个完整的炉灶。这基本就为亡灵提供了一个可用的微型炉灶，但人们也希望亡灵能在一定程度上运用自己的想象力。顶部浮雕有时可见鱼和其他动物图案，或拨火棍和其他厨房用具，这些可以完善整套装备。

为配合这些烹饪厨具，还提供了不同样式的火盆。这些火盆下方为圆柱形罐子，顶部配有一个浅盆，开小孔，方便余烬落入盆底。

还有长柄勺和汤匙，常为铲状，有时还有窄柄椭圆形浅碗。插图4图1所示这种侧边凸缘小碗，亦不少见。

碗盘特征无须多言，但要对这一时期瓶罐的主要造型特征进行介绍。这些瓶罐造型各异，有看似瓶颈被削的短颈扁腹球形瓶，亦有口沿明晰的优雅花瓶。许多显然是根据青铜器形状仿制而成的。其中最受欢迎的一些则是虎面花瓶，装饰圆形把手。把手固定于瓶身，以完全复制青铜器原形。这些瓶罐时常以带状浮雕装饰。这些装饰的共性将在后文进行介绍。

有两种瓶罐需特别关注，仅为汉朝特有，即所谓的"山香炉"和"山形罐"。

我们已知，汉朝伟大代表人物武帝崇尚道教，后汉多位皇帝亦推崇道教。道教教义之一即世间有极乐世界，居者长生不老。因此，抵达极乐仙岛是道教信徒的永恒追求。基于该神话的场景常被绘制在之后的瓷器上，人们可见成群结队的哲学家、道士和道教要人在海上冒险探索，只为寻找仙岛，显然他们认为仙岛位于东方的海上。公元前3世纪，秦始皇派方士统率一队童男童女前往寻求仙岛，因遇逆风，无功而返。

这些山香炉被称为博山炉，或衾山盆，得名于其炉盖造型，状似山峰。博山炉体现了道教极乐世界的丘陵地貌。

炉盖或分体或与炉身成一体，但均有镂孔，供烟气散出。球形炉盘由一个柱体支撑，立于圆盘中，状似海上仙山。从插图3图1，可辨别其器型。

由于汉朝与西域交往，熏香首次被传入中国；东西交流，加之当时道教盛行，这种器物因此更为盛行。

山形罐多造型相似，为三足圆柱形容器，其三足常与蹲熊造型类似。山形罐体型大于山香炉，罐盖造型大胆，为独山或群山，波浪拍击底座。如下章所述，罐身常以典型汉朝浮雕为装饰，见插图3图2。

此类罐用途不明:盖上无穿孔,无法用于熏香。可能仅作为陪葬品,帮助死者通往极乐世界、永生与安宁之地。

还有一类罐子融合了山香炉和山形罐的特点,罐身为圆柱形或球形,罐盖上有四个小孔,显然为排烟口。其盖上开孔方法独特:在湿黏土上划两道切口,交于一点,将形成的三角形黏土瓣向外弯曲。这种三角形小孔共有四个。劳费尔先生书中有一件此类标本,另一标本图在霍布森先生所著《中国陶瓷》一书插图第3页。

另外还有动物与人物像,在下一章分析汉朝陶瓷装饰技艺时会进行相关介绍,这样更便于理解。

图 1   图 2

插图 1

图 1　粮仓瓮,蹲熊状三足,胎体深红,釉色深绿;浅浮雕卷轴纹装饰,高 $9\frac{1}{4}$ 英寸,汉代,S. D. 温克沃斯先生藏品。

图 2　三足深灰色陶器,影线装饰,高 6 英寸,周朝,本森系列藏品。

中国早期陶瓷器物（The Early Ceramic Wares of China）

图 1 图 2

插图 2

图 1 硬质陶瓶,绿釉,局部呈银色光泽,浅浮雕装饰,图案为狩猎场景与马背上的弓箭手,高 14 英寸,汉代,S. D. 温克沃斯先生藏品。

图 2 井口,边缘有水桶,胎体深红,釉色深绿,因溶蚀致整体色彩斑然,高 $8\frac{1}{4}$ 英寸,汉代,本森系列藏品。

图 1 图 2

插图 3

图 1 山香炉,黄灰色胎体,炉盖施绿釉,炉柱和炉托施米黄色釉,锥形盖以浮雕装饰,雕刻狩猎场景,高 8 英寸,汉代,G. 尤摩弗帕勒斯先生藏品。

图 2 山形罐,胎体深红,绿釉,因溶蚀致部分区域色彩斑然,浮雕装饰虎面及狩猎场景,高 9 英寸,汉代,英国维多利亚与艾尔伯特博物馆藏品。

图 1

图 2

图 3

图 4

插图 4

图 1 凸缘碗,胎体红色,碗内施黄绿色釉,碗外施深绿色釉,呈彩色光泽,浅浮雕几何图案,$5\frac{1}{2}$英

寸长,含凸缘 $4\frac{7}{8}$英寸宽,汉代,S. D. 温克沃斯先生藏品。

图 2 猎犬俑,浅黄色陶器,无釉,高 5 英寸,汉代,本森系列藏品。

图 3 陶马,配有马鞍及马具,煤渣灰色无釉陶器,高 $2\frac{1}{4}$英寸,汉代,本森系列藏品。

图 4 獒犬俑,配有双项圈,浅黄色陶器,绿釉,因溶蚀致几乎完全呈银色光泽,高 $12\frac{1}{4}$英寸,汉代,

H. J. 奥本海姆先生藏品。

第三章　汉朝陶瓷（续）及其他前唐时期陶瓷

　　汉朝陶瓷的装饰技艺值得留意，但更要关注其装饰主题。汉朝首次出现了一种与后世技艺相当的制陶技法，这种技法呈现出的艺术感虽略显粗糙，却大胆直接。我们可单纯欣赏这种艺术风格，不必追溯其灵感来源。

　　汉朝装饰手法共有三种：第一种是将器物压入有铸印图案的模具中成型，撤走模具后，器物表面随即显现浮雕纹样；第二种是印花手法，也会产生类似效果；最后一种则是利用模具单独制作装饰物，而后用湿黏土将其粘贴在器物表面。无论采取何种技艺，器物都需上釉后入窑烧制。

　　汉朝人善于狩猎，故大多数陶瓷器物都以狩猎场景为主题：猎人们骑马或疾奔，在猎犬的辅佐之下追逐大型猎物，如老虎、野猪等；或狩猎攻击性不强的动物，如鹿、鸟等。这些由模具制成的装饰物随着时间流逝不断脱落，但浮雕纹样却尤为特别。尽管潮湿的环境和化学物质的影响导致其有所缺损，但纹样留存部分仍彰显出强烈的艺术感和蓬勃的生命力。在撰写本章时，我面前就有一座野猪石雕，用于镇纸。时间流逝对这种雕刻作品影响较小，因此其具有显著优势。石雕野猪的外形与许多花瓶上猎人追逐的腾空而起的野猪外形极为相似：突起的鼻子、奋拉着的耳朵、肌肉发达的四肢以及成簇的尾巴。这些细节无不体现了雕刻师对自然的非凡观察力。动物最显著的特征是其警觉性，即使处于休眠状态，一旦受到干扰，它们也会迅速做出反应。陶器上的模印装饰动物也有同等效果，这些动物动作极其独特，猎犬或跳跃扑向猎物，或奔驰着追赶猎物。猎人捕猎老虎时，不会像圣乔治屠龙那样展开激烈搏斗，而是直接将长矛插入其喉部。但汉朝猎手们似乎也习惯对付一些神秘动物，因为作品中常能见到带翅膀的四条腿野兽。有时，这种怪物能在猎人手下侥幸逃脱。

　　还有一些家畜陶塑，其中大部分都无须介绍，但狗俑和马俑例外，尤其是马俑，因为其有助于帮助读者在下文中了解唐朝马俑之成就。

　　汉朝猎犬有两个品种：一种是用来猎鹿的灵缇犬，另一种是体格健壮的獒犬。插图4中的蹲狗陶俑即为灵缇犬，还有一件略显滑稽的獒犬俑，其体型更为庞大，带有一对颈圈，表面绿色铅釉几乎完全腐蚀脱落，以至其银色内里裸露在外。这件獒犬俑显然用于墓葬，作为一只看门犬[1]，其职责是守卫逝者的坟墓，使其免受不速之客的打扰。这些看

---

　　[1] V. W. F. 科利尔（V. W. F. Collier）在《自然与艺术中的中日犬只》（*Dogs of China and Japan in Nature and Art*）第4章中对中国运动型犬和看门狗进行了有趣的描述。——原注

门犬体格健壮,牙齿锋利,尾巴总是像哈巴狗一样卷曲在背上。

劳费尔先生认为,獒犬是由古代土耳其人传入中国的,另外,据其所在地命名的北京哈巴狗或袖犬同样源于土耳其。这些宠物狗最早出现在唐朝典籍中,如今拥有这种宠物狗的女士或许有兴趣了解,这种小眼睛、毛发稀疏的狗在一千多年前的中国社会广受欢迎。另外,大量的精壮马匹被引入中国,而其来源和引进时期尤为重要。大约在公元前138年,汉武帝命张骞出使西域,张骞在途中被俘,被囚禁长达十余年。逃跑途中,张骞带回了培育好的葡萄,并教会村民酿酒之法。途经大夏国时,张骞见到罗汉竹,亦将其引入大汉,后又与大夏国建立友好往来,这毫无疑问为大汉带来了大夏国的马和骆驼。尽管汉朝陶器上的马和现今以及早期中国常见的小型蒙古马相同,但汉朝浅浮雕[1]上也刻画有强壮的大夏马,与蒙古小马截然不同,因此我们可认定此种骏马应是在汉朝时引入中国的。根据汉朝浅浮雕上的这些纹样,陶器浮雕上的大夏马较早可追溯到大约公元前140年,但劳费尔先生认为汉朝浅浮雕不可作为其起源的参考。唐朝也有许多大夏马与双峰驼陶俑。我们还会发现斯基泰艺术对汉朝冶陶有着更为显著的影响。比如斯基泰式尖顶帽、骑服,还有骑马射箭的技法,这些源自土耳其－西伯利亚(Turco-Siberian)的元素在汉代陶器中都有体现。如插图2图1的花瓶,其浮雕装饰描绘了一名骑士骑马射猎豹的场景。关于早期中西交流对汉朝艺术的影响,费诺罗萨教授的著作[2]有着非常有趣的描述。

从汉室的衰退到唐朝的建立,有将近四百年的历史,这一时期制作出的陶瓷值得一提,但现存文献记载远远不够。当时中国处于动荡时期,汉王朝已然灭亡,各方战事不断,统治阶级无法稳定民生以发展艺术。

由于缺乏这一时期相关的陶瓷艺术文献,人们只能勉强进行大体分类。对于习惯条理化分析的人来说,这种过程令人十分苦恼,因为他们更想对一系列经鉴定过的陶瓷进行归类,并用这些器物来填补汉唐之间的空白期。这些器物存在于唐朝之前,却与典型的汉朝器物有所区别,所以暂且将其归为政权动荡时期的产物。这些器物最有可能产自魏朝,因为魏朝属于三国时期(221—265)[3],在西晋之前,魏朝发展最为鼎盛,这一时期国家有所安定。随后一百余年内(317—420),东晋掌权,时间更久,但时局动荡,社会发展停滞,在这种大环境下,匠人们无法制作出精细陶器。随后的几个朝代亦战事不断,隋朝延续时间虽短,时局却十分安定,并推动了艺术发展。隋书记录,何稠"以绿瓷为之,与

---

① 《汉代陶瓷器论考》,第161页,贝特霍尔德·劳费尔著(引用 M. 雷纳克)。——原注

② 《中日千年艺术》(*Epochs of Chinese and Japanese Art*),第1卷19－27页,E. 费诺罗萨(E. Fenollosa)著。——原注

③ 三国时期实际为公元220年至公元280年。——译者注

真无异"。霍布森先生讨论了这句话对真正瓷器①引入日期的参考价值,但是讨论的成果有待商榷。

在中国众多的花卉主题中,莲花是典型的印度佛教元素。此外,佛陀自身像和舞姿摇曳的女性人物像,其元素也应源自印度。看过缅甸节庆或舞蹈表演的人都会发现缅甸舞女摇曳的身姿与唐朝以及唐朝之前的舞女俑的形态有着惊人的相似度。我面前有一张 1907 年左右拍摄的照片,照片中一名女子在僧人归来的小台上跳舞,她摇晃着身体,摆动着双臂,于她而言,几乎方英尺的空间便已足够。插图 5 图 1 即为一件舞女俑。

这一时期的人物像,胸间凹陷,象征屏住呼吸潜修,这又是一种佛教元素的显现。

也许这些概括性的叙述对判断器物来源并没有帮助。插图 5、6 中的两件器物专家推定产自汉唐之间,可供进一步参考。但仍需注意,这些器物还远未确定来源,或许之后的研究会改变现有的结论。目前可确定的是它们产自极早期,很可能在唐朝之前。

图 1　　　　　　　　图 2　　　　　　　　图 3

插图 5

图 1　舞女俑,无釉红灰软陶,绘少量红黑彩,高 $9\frac{3}{4}$ 英寸,唐代,G. 尤摩弗帕勒斯先生藏品。

图 2　鞠躬俑,浅黄褐陶绘红黑彩,高 14 英寸,唐代,G. 尤摩弗帕勒斯先生藏品。

图 3　骑马俑,无釉灰黑陶,高 12 英寸,魏朝,G. 尤摩弗帕勒斯先生藏品。

---

①《中国陶瓷》,第 1 卷第 144 页。——原注

图1　　　　　　　　　　　图2　　　　　　　　　　　图3

插图6

图1　白瓷罐,叶片状侧面,胎体灰白,极轻(7$\frac{1}{2}$盎司),高4$\frac{1}{2}$英寸,唐代,F. N.席勒先生藏品。

图2　坐俑,手持皮革水壶,胎体深灰,施橄榄褐釉,高10$\frac{1}{4}$英寸,魏朝,本森系列藏品。

图3　男伎俑,胎体软白,无釉,绘红彩及少量黑、绿彩,高12$\frac{1}{2}$英寸,唐代,本森系列藏品。

第四章　唐朝陶瓷器物

　　本书引用费诺罗萨教授的观点,认为中国陶瓷艺术创作在唐朝达到巅峰。即使有些人意见不同,也仍需对当时的陶瓷艺术进行细致研究。过去几年,唐朝陶瓷在西方传播速度之快,数量之多,让中国其他朝代陶瓷都望尘莫及。二十年前,我们对唐朝陶瓷艺术知之甚少,甚至一无所知。1902 年,贺璧理先生(Mr. Hippisley)在一文中写道:"目前关于各类瓷器的记载(包括汉唐陶瓷)仅具有历史价值,至今尚未发现宋朝之前的瓷器标本。"①很显然,他指的是符合欧洲人定义的瓷器,但我们了解到一些汉朝陶器其实属于中国人定义的瓷器范畴。1909 年,劳费尔先生曾大力宣传汉朝陶瓷,将其带入大众视野。即便如此,哪怕十年前,人们对唐朝陶艺的了解还是微乎其微。直至目前,相比后世其他朝代,我们对 7 世纪至 9 世纪末这段时期的陶瓷制作工艺更为了解。

　　墓葬出土的大量唐朝陶瓷标本以及其展现的陶瓷技艺极具说服力。只要翻到本书(原著)扉页的插画,看到那件唐朝雕塑作品,再多疑虑都尽可打消。

　　事实上,我认为唐朝之后的陶工未必能制作出收藏于大英博物馆的罗汉像,霍布森先生的书中②及博物馆介绍册③上都对其称赞不已。这尊罗汉像高 $47\frac{1}{4}$ 英尺。对 20 世纪的陶工来说,即使耐心十足,要想成功烧制如此大型雕塑,塑形过程中不开裂不坍塌,也需非凡的技艺。《陶说》④中关于唐朝陶瓷有这样一段记载:"禀至德之陶蒸,自无苦窳。合太和以融结,克保坚贞。"其制陶技艺高超,呈现出的陶瓷艺术则更出神入化。我建议那些渴望了解唐朝陶瓷艺术的人们在大英博物馆坐上半个小时,好好观察这座罗汉像,将会深受启发。

　　唐朝时期的陶瓷艺术卓越非凡。唐朝延续了汉朝的中西文化交流,程度更深,范围更广。国家版图扩大后,贸易也随之向外发展。国家商业繁荣,学习他国艺术作品的机会增多。唐朝瓷器还深受波斯甚至希腊的影响,历史文献中也有相关记载。

　　在谈到宋瓷时,我们会围绕瓷业生产中心展开讨论。但汉唐陶瓷记载有限,无法找到各自对应的窑口。我们熟知的陶瓷标本皆出自各省墓葬和寺庙。通常来说,窑口应位于出土瓷器的墓地附近,但也不尽然。

　　文献资料记载了一些唐朝的制瓷窑口,稍后会提到几个主要的。但当时全国各地的

---

　　①《中国陶瓷艺术》第 111 页。——原注

　　②《中国陶瓷》第 1 卷。——原注

　　③《中国罗汉像》,大英博物馆托管会印制。——原注

　　④ 第 5 卷。——原注

瓷窑数量无疑十分可观,胎骨和釉料的差异也能证实这一猜测。

另外,唐朝无家喻户晓之瓷,连《陶说》等著作也未提及任何可与宋朝定窑瓷、龙泉瓷相媲美的唐朝窑口瓷。

早期学者提到的两处窑口值得关注:邢窑与越窑,分别位于直隶省(今河北省)与浙江省。越瓯与邢瓯,"其音妙于玉磬"。史料记载,邢窑"类银似雪",越窑"类玉似冰",若想象力丰富,便可通过这些文字领略其风采。由此可见,邢窑产白瓷,越窑产青瓷。然而,目前没有可以参考的唐瓷标本,唯有耐心等待。

要想亲身感受"大邑烧瓷轻且坚,扣如哀玉锦城传",还需要非常耐心。大邑位于四川,大唐帝国最西端。插图6图1为极具唐朝特色的白瓷罐,重量极轻,尽管"轻且坚",未经证实即定其为大邑白瓷,仍属莽撞。

据文献记载,唐朝另有多处窑口,如陕西鼎州窑①、关中、南山、山西平阳府、榆次县、河南洛阳、开封,安徽寿州窑,江西浮梁、洪州窑,浙江婺州窑、温州府,湖南岳州窑,广东广州。此外,景德镇或称昌南,逐渐成为制瓷中心。由上可见,唐朝陶瓷胎体类型多样,其窑口广泛分布在中国各个地区,不同地区瓷土也有所区别。另外,陶工各成一派,即使制瓷工艺相似,技艺也不尽相同。

用于制作瓷器的胎骨质地细腻柔软,外观和黏合度与陶土相似,易被刀划伤。其他胎体,质地坚硬,不易产生划痕,属瓷质炻器②。

胎体颜色多样,有白色、极淡的粉色,也有深浅不一的灰色,但红色很少见。

这一时期主要采用铅釉,含大量铅酸盐,质地柔软黏稠。随着时间的推移,铅釉发生化学变化,腐蚀分解,呈现斑斓色彩。因此,我们常见一些瓷器釉面脱落,出现露胎现象。唐朝瓷器釉面皆薄,与釉面厚实的宋瓷截然不同。且唐朝接受流釉,底部留有釉迹,但异于宋朝釉面之黏腻感。

唐朝施釉的另一个特点为施半釉,止釉线呈波浪形。参考插图10图2,此器物为施半釉之典型作品。和汉朝一样,唐朝陶瓷釉面也有裂纹,但均为自然开片,异于宋朝之人为开片。唐朝开片纯属偶然,乃软釉随时间内裂而成。

唐朝釉色种类比汉朝更为丰富,以黄、绿为主,也有褐、蓝、紫、黑色。黄色通常色调丰富,有时很浅,仅比奶白色或稻草黄略深。绿色为叶绿色,色调范围极广。褐色浅的接近琥珀色,深的可为深褐色。蓝色,色深而明亮,但并不常见。除了高温黑釉,唐朝陶工还会用到红色和黑色,严格来说这两种颜色并非釉料,而是未经窑炉烧制的着色剂。唐朝也有透明绿釉下施黑彩,这是我们发现的最早的釉下彩。

宋朝常见的高温釉瓷器,唐朝也有,釉色可为白、褐、黑和某种青绿色。此类标本数

---

① 注意:直隶鼎州窑非宋朝著名定州窑。——原注
② 关于何为瓷质炻器,见本书(原著)第80页。——原注

量极少，此时高温釉工艺显然仍处于实验阶段。

黄绿釉色搭配似乎在唐朝最受欢迎，墓葬中多见黄绿釉小食杯。还有蓝黄釉搭配，见插图 7 图 2，此种飞溅效果亦可见于康熙时期黄绿色斑点釉瓷。但康熙时期的瓷器过于精细，较不适合这种撞色搭配。此种装饰的康熙瓷器乃是对唐朝瓷器的仿制。

康熙时期所用技艺与唐朝不同，陶工充分运用"化妆土"。把陶土用水调和成泥浆，着不同色调，虽很不透明，但罩上透明釉后，胎体表面莹润透亮，效果与颜色釉相同。

唐朝陶工将各色黏土用于胎体制作，因此这一时期的陶瓷装饰也十分多样。花瓶胎体可为红色黏土，而后施一层薄薄的化妆土，其上可雕刻各种纹样，于是胎体为红，装饰为白，再罩上一层透明近乎无色的铅釉。此技艺堪比磁州窑，参见第十四章。上釉前，各色氧化物涂于其上，可见黄地绿叶白花，参考插图 7 图 1。

此时所有艺术作品皆以大胆著称，尽管制作不够精细，却线条大气，诠释了成熟的艺术精神。霍布森先生在 1920 年 6 月的《伯灵顿杂志》（Burlington Magazine）①中对 G. 尤摩弗帕勒斯收藏的一件花瓶赞不绝口，杂志中附有彩图，这也是上述唐朝工匠艺术精神的体现。

唐朝陶工有时使用混合黏土为瓶器塑形，表面似玛瑙，裂开后呈现各种颜色。红白黏土混合到一定程度分层，泥坯成型后施一层绿釉或黄釉，红色纹理近乎变为黑色，见插图 8 图 1。在红坯上施一层白色化妆土或混合色化妆土可呈现一种独特的大理石纹路。这种方法呈现出的玛瑙效果仅维持在器物表面，裂开后可见大理石纹路未深入胎体。插图 8 图 2 中，这件由混合化妆土制作而成的器物呈现玛瑙纹，让人联想到作战时使用的迷彩船只和炮台。

唐朝陶工常用陶车，当时制作的瓶、碗均可为证。通常来说，唐朝瓷器底平，与宋朝瓷器一样足外圈不抛光，虽不总如此，但底座圆周常略微倾斜，呈同心圆状，此为使用陶车之缘故。

雕像以模具塑形，其上可见接缝。使用较大器型的模具时，雕像中空。利用模具塑造形态各异的雕像，如人、马、骆驼，还有其他动物，让仿古瓷有了机会。利用唐朝雕像真迹仿制出模具，再运用此模具制作出真假难辨的雕像，这并不难。事实上，瓷器上釉前，难断真假。而施釉后，其现代气息越发浓厚，因为此釉未经千年留存，未发生化学变化，难以成熟。从某种程度上来说，这个难题已被仿制者利用外部手段克服，通过现代科技几个月就能打造出自然经历千年的效果；但科学发现，岁月积累所造之醇香及其他一些显微镜下可见之外表特征，虽非不可能，亦难以仿制。

收藏者还需注意那些经现代修复的唐朝雕像。挖掘时，雕像易出现身体残缺的情况，中国修复人员会将多个雕像的身体重新进行拼接，或以现代制品代替。

---

① 《伯灵顿杂志》（Burlington Magazine），1903 年创刊于伦敦，是英国第一种拥有国际影响的艺术研究期刊。——译者注

唐朝器物造型延续或者说发展了我们所熟知的汉朝风格。我们所见之标本大多数为明器,出土于墓葬,乃供亡灵使用之器具。但是汉朝随葬瓷器,如微型炉灶、粮仓瓮、山形罐等,其规模都无法与唐朝相较。唐朝随葬瓷器既有陶俑,亦有食器。唐朝陶俑最重要,亦最知名,稍后将详述。食器通常为托盘盛装的多套黄绿斑点釉杯具。棺椁前还放置有形状各异的水罐,均造型简朴,但比例匀称。施釉前先将泥坯唇口向下按压五六处,形成褶皱。随葬花瓶较为精致,长颈处环绕浮雕像,周身划花装饰,整件器物施绿灰釉。卜士礼曾将一件唐朝随葬花瓶误认为汝瓷,因花瓶架上刻有铭文"汝州观音瓶",此花瓶现收藏于维多利亚与艾尔伯特博物馆。此类标本见插图9。架上的铭文并不代表此器物的归属信息。无论铭文多么具有说服力,也可能并非真实信息。若此花瓶产自汝窑,那些夸赞汝窑瓷的古诗词则无可信度,毕竟这件普通的花瓶真称不上中国艺术之瑰宝。

唐朝陶瓷还有其他器型,如双龙头/蛇头柄圣瓶、壶和酒樽,图片比文字更为直观,参考插图8、10、12。

唐朝陶瓷相比汉朝在技术上有所精进,普遍使用浮雕和刻花工艺,印花纹样亦多见。

这也是中西交流的结果,鸟纹源于波斯,还有一些纹样和花瓶器型受到希腊的影响。插图10图1中的双耳细颈瓶,其器型显然带有希腊风格。插图12图1中圣瓶上的浮雕纹样也同样展现了希腊文化。目前我们已经了解到历史文化对陶瓷纹样的影响,下一章我们会围绕唐朝雕像展开更全面的讨论。

图1   图2

插图7

图1   盘,黄白胎体,盘口及盘底施黄釉,几何纹样,蚀刻装饰,素烧,颜色为琉璃翠,口径9英寸,唐代,G. 尤摩弗帕勒斯先生藏品。

图2   三足罐,粉白胎体,施蓝黄斑点釉,高 $4\frac{5}{6}$ 英寸,唐代,H. J. 奥本海姆先生藏品。

图 1

图 2

图 3

插图 8

图 1　三足盘，黄褐色混合黏土，口径 6 英寸，唐代，G. 尤摩弗帕勒斯先生藏品。

图 2　矮脚三足罐，白陶，施红褐色及白色混合化妆土，呈玛瑙纹样，高 $3\frac{3}{4}$ 英寸，唐代，H. B. 哈里斯先生藏品。

图 3　带盖壶，壶嘴为兽头形，胎体红色，表面绿釉老化脱落，六条浮雕垂线将器身分为六个部分，顶部为卷轴纹，高 5 英寸，唐代，亚历山大姐妹藏品。

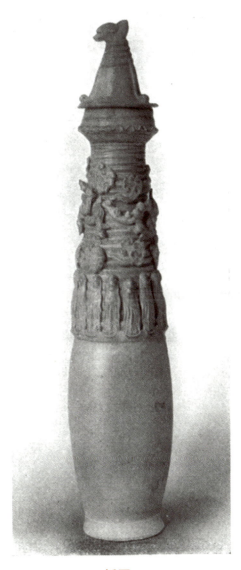

插图 9

魂瓶,无凸缘盖,深灰色胎体,施灰绿色釉,深浮雕雕像装饰,高 $23\frac{3}{4}$ 英寸,唐代,S.D.温克沃斯先生藏品。

图 1   图 2

插图 10

图 1   双蛇柄细颈瓶,白色胎体,施草黄釉,釉面未及底部,高 15 $\frac{7}{8}$ 英寸,唐代,J.贝尔德先生藏品。

图 2   绳柄瓶,米色硬陶,施黑釉,釉面未及底部,当时的典型装饰风格,高 8 英寸,唐代,H.J.奥本海姆先生藏品。

第五章　唐朝陶瓷（续）及其他前宋时期陶瓷

唐朝陶塑是中国早期陶瓷非常重要的一部分，原因在于其高超的制作技艺与超常成熟的艺术表现，堪称精品典范。如果没有研究过中国历史，未做好迎接先进文化的准备，那么人们会难以想象以下器物出自公元 7 至 9 世纪。

陶塑的出处现已明确，其他详细信息无须具体阐述。插图 11 中的墓葬陶俑便可为证，它们无疑产自唐朝。这组陶俑出自唐朝大臣刘庭训之墓，刘庭训是武则天在位时的执政大臣之一。这组陶俑受到了佛教文化的影响。

以大英博物馆中的罗汉像为例，这件作品同样受到了宗教文化的影响。收藏家可以通过佛教文化来了解这些罗汉[①]像。佛教中有十八门徒，后为传教士或使徒，在中国被称为罗汉（梵语为 Arhat，日语为 Rakan）。最初仅有十六罗汉，添加少数人物后演变成如今的十八罗汉。在一些大型寺庙中甚至可见五百罗汉，其造型各异。

我们继续来了解唐朝陶塑。

唐朝陶俑中最有趣、最具艺术感的便是动物俑，其中马俑与骆驼俑尤为特别。本书（原著）扉页是一件中国最优秀的胡人骑驼俑，展现了唐朝精妙绝伦的陶塑艺术。其彩绘效果一看便知，无须多加描述。但需注意，此骆驼为双峰驼，且唐朝陶塑从未出现过单峰驼。有些陶塑中，骆驼双峰之间悬挂成捆货物，外形与单峰驼类似，经考证仍为双峰驼。在详述唐朝马俑时，我们会对双峰驼进行更全面的介绍。此处还需留意骑马的胡人，头戴尖顶帽，这种帽子起源于土耳其－西伯利亚，是斯基泰骑兵和骆驼骑兵的典型头饰。

劳费尔先生也指出[②]，骑马射箭的艺术主题对中国艺术风格而言较为新奇，这种主题源自土耳其。回顾插图 2 图 1 中的汉朝瓷瓶，不难发现上面刻有人物骑猎的浮雕纹样：一名帕提亚弓箭手正在拉弓狩猎。中国权威部门声称，在公元前 4 世纪末，中国人首次开始骑射，并将骑射术用于军事作战。实施这种作战术，中国人自然会遇到一些困难。因为当时的传统服饰为长袍宽袖，飘逸十足，但不便骑马射箭，所以必须改穿西伯利亚人的紧身服饰。胡人骑驼俑中的斯基泰式尖顶帽就是此类服饰的一部分。当时军队中已建有骑兵团，因此，这顶尖顶帽的有趣之处在于它反映了西方种族给中国带来的两方面影响，首先是军事作战制度，然后是艺术风格。公元前 5 世纪，中国军队多采用战车进行移动作战。

---

① 罗汉表示值得的、优秀的。——原注
② 《汉代陶瓷器论考》第 214 页。——原注

大夏马和汉朝陶器浮雕上的蒙古小马截然不同。前者更为强健，胸部与股部肌肉发达，但是球节与马蹄却十分纤细。这些马俑对爱马人士而言魅力非凡。骑马在唐朝逐渐风靡，广受追捧。显然，当时的中国人对马有着绝佳的鉴赏力，那些栩栩如生的马俑便是最佳证明。

插图 12 中的马，身披马衣，展示了许多装备细节，十分有趣。霍布森先生也说这件标本"与奥莱尔·斯坦因爵士①从塔克拉玛干沙漠带回来的唐代画像残卷中的马极为相似"②。

我们发现大夏马最早于公元 138 年，即张骞出使西域时引入中国。不久后马场逐渐在全国各地兴起，此类良驹无疑也成为富人们引以为傲的资产。

无论是素陶还是釉陶，这种精品马俑并不少见，但是从各方面来看其价格都十分公道，毕竟它们都是真正的艺术品。为降低塑形及烧制难度，其坯身往往为空心，最近利用模具制作仿古瓷的人必须注意这一点。这种大型陶俑的制作比小型人物像更加困难，后文会加以说明。

唐朝女俑身材颀长，着装精致，长袖飘逸，齐胸束腰，裙带生风，无不体现了唐朝的服装风格，此外，各种项链作为装饰，更凸显其特色。女俑常盘螺髻，或将头发盘成厚厚一圈，头顶为圆发髻③，独具特色。其脚部形状自然，没有出现后代中的缠足小脚。④

墓葬中还有一些女伎乐俑，推测为墓主的娱乐爱好，遂将其列入随葬品中。事实上，本书（原著）第 26 页已提及的一些后汉典籍中就有在墓葬中加入管弦乐器的记载。

在了解宋瓷的发展历程前，还需了解五代时期生产的器物。唐朝灭亡后，纷争不断，五个朝代依次建立，分别为后梁、后唐、后晋、后汉和后周。五代时期政权更迭、动乱不休，艺术发展停滞不前。但在后周出现了一种有名的瓷器——柴瓷，产自后周末代皇帝柴世宗在位时期。

唐朝之后中国历经五十多年朝代更迭，陶瓷制作未有实质性发展，当时留存下来的器物也难以辨认。G. 尤摩弗帕勒斯先生收藏的一只黑釉建盏带有后周铭文，但该铭文是瓷器烧制后雕刻而成的，几世纪前人们认为其产自后周，但无法判断是否属实。

要确立这些短期政权所产器物的特征（如果有），往往困难重重。一本写于 10 世纪的书⑤中提到了一场盛大的宴会，当时有几百件大大小小的器物，需要一张 30 平方英尺

---

① 奥莱尔·斯坦因爵士（Sir Aurel Stein，1862—1943），英籍匈牙利人，毕生从事考古、探险与学术研究，曾先后三次到中亚进行探险。——译者注

②《中国陶瓷》，第 1 卷第 26 页。——原注

③ 这种发型与缅甸人的发型并无区别。——原注

④ 缠足的历史起源尚不明确，但最早为 10 或 15 世纪某位皇帝的妃子。1664 年康熙帝下令禁止缠足，四年后该禁令被废除。参考 S. 库寿龄所著《中国百科全书》第 186 页。——原注

⑤《清异录》，陶谷，收录于《陶说》第 6 卷。——原注

的桌子才能完全容纳。这场宴会举办于五代时期,现仅有文字记载。

插图 11

墓葬陶俑群,顶上一排:马夫俑,高 23 英寸;马俑,高 31 英寸。底下一排从左至右:天王俑,高 43 英寸;镇墓兽,高 38 英寸;鹖冠武士俑,高 43 英寸。唐代,G.尤摩弗帕勒斯先生藏品。

中国早期陶瓷器物(The Early Ceramic Wares of China)

图 1

图 2

插图 12

图 1 圣瓶,灰色炻器,施橄榄褐釉,希腊风格浮雕装饰,高 $8\frac{3}{4}$ 英寸,唐代,维多利亚与艾尔伯特博物馆藏品。

图 2 马俑,身披马衣,脚蹬地,浅黄陶,胎体中空,施黄釉,高 $15\frac{3}{4}$ 英寸,唐代,本森系列藏品。

第六章　宋元时期陶瓷技术

　　之后的章节会详细介绍宋元时期(960—1368)中国各地的主要窑口瓷器。认识各窑口瓷器之前,先来了解一下它们的普遍特征。这些特征主要表现在制作技术方面,需多加留意。胎体和釉料的化学成分令许多收藏家不知说的是什么,但那些善于思考的人可能对此颇感兴趣。下文仅大致介绍该种技术特点,并不进行全面科学化分析。

　　19世纪末,英国的陶瓷化学师伯纳德·摩尔先生(Mr. Burnard Moore)是一位知名的陶瓷工作者,从他的研究中我们收获颇多。英国皇家学会会员柯里(J. N. Collie)教授对中国早期釉料的化学成分进行了深入研究。本章所有技术层面的分析都来自与两位的谈话内容以及摩尔先生撰写的论文。柯里教授在阅读本章初稿后,又提供了更多材料信息。

　　要了解陶瓷,首先需了解器型,其次是装饰风格,最后是化学成分。宋元时期陶瓷造型简洁,制作工艺简单,以仿青铜器或祭器为主,亦有其他简单器型。尽管都是笨重的大件器物,但并不存在粗制滥造的情况,这些器物的比例都恰到好处。显然我们无法亲眼看到当时那些更为精致的器物,但项元汴的图谱①中有一些精美的器物,其精致造型,与18世纪那些精心制作的器物相差无几。可想而知,绘制时可能会融入一些想象力,但这些器物由中国一位陶瓷鉴赏家绘制于16世纪,其来源则要追溯到更早期。这本图谱绘于三百年前,作者是一位中国学者,其中的陶瓷器物来自其本人及朋友收藏,所以为什么要质疑书中的内容呢? 这似乎难以理解。事实上,我们没有见过与书中描述相似的器物,因此无法证实书中内容的真实性,但陶瓷器物本就脆弱,自然难以保存。该书器物所呈现的颜色可能是受质疑最多之处,遗憾的是原作在1888年的一场大火中被烧毁,现仅存复制本。

　　薄泥片放入模具挤压,形成各式器型。如为圆柱形器物,需在陶车上完成塑形,此时陶车在中国得到普遍运用,其最早可追溯至周朝②。待黏土柔软易塑时,工匠们手工修坯。入窑烧制前,除上釉外不加以其他修饰。

　　众所周知,碗器在宋瓷中占比极重,其底部为典型窄足,本章提供了一些相关插图。

_____

　　①《历代名瓷图谱》,项元汴著,卜士礼翻译。——原注
　　② 关于陶车还有更多有趣的描写,包括其起源和使用方法,可参见贝特霍尔德·劳费尔先生所著的《中国瓷器的开端》(*Beginnings of Porcelain in China*)。——原注

碗器放入匣钵（saggar①）中支烧，匣钵由耐火泥料制成。将瓷坯放入匣钵中烧制，能避免坯体直接接触火焰与烟灰，从而避免釉料变色。匣钵尺寸与形状各异，以容纳不同类型的器物。烧制时由于匣钵坍塌，常致胎体与匣钵相黏。烧制过程中，匣钵碎屑亦常掉落于标本上，烧成后与釉料相融成为废品，如插图18图1所示。

早期的大多数瓶器在陶车上一次成型，但在明代，几乎所有瓶器都进行分段式拉坯，再用相同泥料制成一定稠度的泥浆或化妆土进行黏接，一些体量较小的器物似乎也采用这种工艺，但该工艺在明朝之前很少见。

如非素瓷，下一步需对器物加以装饰。有几种装饰手法，首先是刻花，用锋利的工具雕刻出动物、花朵、几何图案等多种纹样，这种手法大胆肆意且兼具艺术感，或许这就是宋朝陶瓷技艺让人敬佩的主要原因。在这些几何图案中，最常见的一种是回纹，或称"雷纹"，常见于定窑瓷器。许多人可能对雷纹有所疑惑，故有必要对其进行解释。古老的雷电象形文字是一个简单的螺旋形，但是一串圆形标志比方形更难雕刻，遂改制成"四边形螺旋纹"，其两两组合就称为雷纹或"雷电图案"。插图37图2为一件产自磁州窑的圆盘，其边缘可见清晰的雷纹图样。使用压印手法亦能产生刻花效果。另一种装饰手法为模印浮雕，将坯体压入模具，或是将一层泥浆堆在坯体上，而后将模具压上去，经手工修整后可成浮雕纹样，还可直接雕刻坯体形成浮雕。

还有一种工艺，即单独制作浮雕装饰物，再用化妆土将其粘连在坯体上。此外，还有一种不太常见的手法，即在纸上剪出树叶或其他图案，再压印至坯体作为装饰纹样。

无论采用哪种工艺，都需先上釉再入窑烧制，整件器物可一次烧制完成。这一点很重要，因为后来的瓷器采用釉上珐琅装饰工艺，基本需在不同窑温下至少连续烧制两次。

陶瓷制作工艺在唐朝经过一系列实践，发展到宋代时，工匠通常会将化妆土和釉料结合使用：首先在胎体上罩一层不透明的白色化妆土，再施一层半透明釉，化妆土和釉料相结合，呈现一种明亮的乳白色；但胎体表层通常为高温烧制的长石釉或瓷釉，烧制温度在1200到1500摄氏度之间。

釉水沿胎体外壁向下流动，底端常呈现不规则波浪纹，如同海水荡起涟漪，在隐入沙滩前骤然驻足。器物的黄白色胎体与釉色形成鲜明对比，强化了波浪的视觉效果。器物内壁釉水覆盖均匀完整，但碗底有一层厚厚的釉，这一特征在第十五章所述的建盏中尤为明显。

而明朝碗器与瓶器内壁釉水未及底部，与宋朝有所区别。宋朝器物内壁近乎满釉，外壁为流动型波浪状，未及足底；明朝器物外壁釉至足沿，而内壁无釉。

除定窑瓷器外，其他碗盘常用覆烧工艺，口部朝下，口沿处无釉，足底有釉斑。之后

---

① 这个词或许是英文单词"safeguard"的缩写。——原注

的章节会对此类器物进行介绍。

陶瓷装饰工艺主要为刻花与浮雕,还会使用釉上彩与珐琅彩。一些明前的磁州窑器胎体淡黄,其上叠加黑釉,装饰红绿彩花卉纹样。有人对宋朝这种彩绘技艺表示怀疑,但是一些出土的宋瓷器物证明当时确有此工艺,见插图 37 图 2。该件器物出自磁州窑,其上装饰砖红色花朵与绿叶纹样,设计大胆,无可置疑。

研究陶瓷技艺需要考虑到一个重要因素,就是中国的家族传承制。一些艺术手法被视作家族机密,家族内部将这些特有的技艺进行垄断,不予外传。所以这种独家配方往往处于周密保护中,如最后一个传承者去世,该特有工艺也随之消失。

早期釉料的化学成分非常有趣,柯里教授经过研究发现了其中的差异,并足以通过这些差异来判断陶瓷的生产年代。这是一项技术性研究,因为许多收藏家并不愿意为了验证藏品是否属于宋朝而将一件珍贵的器物打碎。不过有时并不需要完全打碎,而是在确保不会造成任何损坏的前提下,将标本上堆积的釉取下进行分析,这点釉料对熟练的分析员来说便已足够。

以下是柯里教授发表在《英国陶瓷学会会刊》(*Transactions of the English Ceramic Society*)(1915—1916 年,第 15 期,160 – 165 页)的一篇重要论文的内容。这篇文章对已发掘的和来自墓葬中的标本的釉料进行了定性分析,结果十分有趣,而后扩大分析范围,对中国最早期到现在的各种陶瓷釉料进行了进一步的定量和定性分析。在这些研究之前,人们对釉料化学成分了解甚微,只知道铅釉、一些长石釉和某些金属氧化物可以产生不同的颜色。很快人们又发现几乎所有的宋釉都含有大量的磷酸盐,而清帝国(始于 1644年)的普通白釉瓷并不包含这种化学物质,所以要想判断哪种釉料中含有磷酸盐,必须对各类釉料进行系统化分析。这次研究还对铅进行了测试,并寻找颜色釉中其他可能产生颜色的金属物质。

由于铅釉主要成分为硅酸盐,熔点较低,与不同的金属氧化物结合时会呈现不同的颜色,所以很早便开始使用。宋朝以前,即汉唐时期(前 206—906)[1],这些软铅釉广泛运用于绿彩、琥珀彩、蓝彩和紫褐彩中。一些全新的釉料在宋朝开始流行,并延续使用到元朝。这些釉料属于耐火的长石釉,需要非常高的温度才能在胎体表面流动。后来发展到明朝,或许从元朝便开始,除了长石釉,铅釉再次被广泛使用至今。

铅釉中以绿釉最为重要,其装饰技艺在五彩瓷釉上珐琅装饰中达到最佳效果。绿釉以氧化铜为呈色剂,由硅酸铅构成。柯里教授将这种釉料追溯到埃及第十一王朝(前2000—前 3000)[2],因为产自古埃及后期至古罗马的标本经检测全都含铅。坦纳格拉

---

① 汉唐时期实际为公元前 206 年至公元 907 年。——译者注
② 此处时间有误,应为公元前 2135 年至公元前 1991 年。——译者注

（Tanagra）陶塑人像上的绿釉经证实也含有这一化学物质①。

对两件汉朝的典型绿釉瓷成分进行分析后，发现其均含有以氧化铜着色的硅酸铅。

随后又检测了两件唐朝时期的绿釉与黄釉标本，均含铅，但釉料与胎骨中均无磷酸盐成分。

典型的宋朝标本中未检测到铅，铅出现在磁州窑瓷器与早期广东瓷器中，但是没有任何证据表明这些窑口瓷器产自明朝之前。

自明朝开始，铜、铅、磷酸盐便被广泛运用于陶瓷制作。有趣的是，这种绿铅釉有着4000多年的历史。4000多年前，铅釉首次出现在中国，由此推测中国向西方学习了绿铅釉的制作技艺。前文我们已知，中国从汉朝便开始了中西交流，唐朝交流更盛。人们经常将当时的中国陶瓷与波斯、小亚细亚陶器进行对比，也反映了当时中西交流的盛况。除上述釉料外，还有许多颜色釉含铅，尤其是明清时期广东瓷器所用的釉料，颜色多样。蓝釉中夹杂灰绿色与橄榄褐，或绿釉带有蓝白斑；还有褐釉，有几件是斑驳的淡紫釉。这些釉料很厚，充满气泡且不透明，用于胎体淡黄色或深色的粗陶器，其中都含有铅和大量磷酸盐。斑驳的淡紫釉源自铁和铅，不含铜。伯顿先生认为②"这些釉料大多呈乳浊状"。

乾隆窑变瓷标本不含铅和磷酸盐，郎窑红釉与康熙蓝绿色釉中亦不含这些化学物质。但是与广东淡紫釉类似的淡蓝釉中含有铅、少量铜和磷酸盐。

对宋朝钧瓷的蓝色硬釉和软釉样品进行定量和定性分析，其中都含有大量磷酸盐、少量铁和微量铜。研究发现硬釉中的鲜红釉斑点中含铁，这种氧化铁金属可用于还原③铜，而铜则是釉料中红彩的来源。

两种宋釉的化学成分全面分析如下：

		宋代硬釉	宋代软釉
硅石（Silica）	二氧化硅 SiO_2	70.3	68.2
氧化铝（Alumina）	三氧化二铝 Al_2O_3	10.6	9.5
石灰（Lime）	氧化钙 CaO	5.9	7.1
碱金属（Alkalies）	氧化钾/氧化钠 K_2O/Na_2O	5.0	5.9

① 早期帝国时代的罗马瓷杯上亦有此种绿釉；几件藏于大英博物馆，另有一件在维多利亚与艾尔伯特博物馆。由此可推测此种绿釉是从西方传入中国的。——原注

② 《瓷器：本质、艺术及制作》（Porcelain, its Nature, Art and Manufacture），Wm. 伯顿著，第55页。——原注

③ 本章稍后将对还原与氧化进行介绍。——原注

续表

		宋代硬釉	宋代软釉
含铁氧化物 （Iron oxide）	氧化二铁① （Fe_2O）	2.3	2.5
含磷氧化物 （Phosphoric oxide）	五氧化二磷 （P_2O_5）	7.2	8.0
含铜氧化物 （Copper oxide）	氧化铜 CuO	微量	微量

其他宋釉检测结果也与之类似。另外，还对龙泉青瓷釉进行了磷酸盐含量测试，结果表明，样品存在时间越久，磷酸盐含量越高。青瓷釉色都来自氧化亚铁，有时也存在微量氧化钴。这一检测结果证实了青瓷相关章节的论述。宋卡洛（Sawankalok）②青瓷样本的釉料成分与龙泉瓷相同，都含有大量磷酸盐。

宋朝磁州窑与定窑所产的瓷器釉料中含有大量磷酸盐，而产自明朝的这些窑口瓷器标本中无该化学物质。

清朝生产的各类白釉瓷中不含磷酸盐，但一些明朝的白釉瓷标本中含有大量磷酸盐。所以早期大多数釉料似乎都含有金属磷酸盐。最初猜测釉料中出现的氧化磷可能来自磷酸钙，但经过分析发现，宋朝釉料中的石灰含量过少，无法与其中的磷酸氧化物发生化学反应。这些磷酸盐也不太可能是杂质，无论釉料中使用何种磷酸盐，都有其特定的用途。

收藏家对"氧化"与"还原"都不陌生，这两个词经常与窑变釉同时出现，介绍这两种化学反应过程有助于理解釉料的上色工艺。主要用于釉料着色的两种金属氧化物为铁氧化物和铜氧化物，制作窑变釉则需要用到含铜氧化物。

将铜与氧以不同的比例结合，就会形成性质完全不同的氧化物。如果氧比例高于铜，则生成氧化铜；如果氧比例较低，则为氧化亚铜。烧制时如存在与氧亲和力强于铜的物质，铜只能与比例较低的氧发生反应，形成氧化亚铜（Cu_2O），这种过程即为"还原"。还有一种方法可防止铜的氧化，引烟（如碳粉）入窑，或是在匣钵周围填充木炭，使其与氧发生反应，从而抑制氧化铜的生成。如果没有其他物质介入，铜就会与更高比例的氧结合形成氧化铜（CuO），这就是氧化过程。

---

① 氧化二铁（Fe_2O），该物质不存在，推测此处有误，应为 Fe_2O_3（三氧化二铁）。——译者注

② 宋卡洛（Sawankalok），位于泰国中部地区，是素可泰府（傣族最初建国的素可泰王朝的首都所在地）下辖的行政区划，盛产瓷器。——译者注

另一种方法也可以实现还原过程,如果存在氧含量较低的氧化亚铁,将会与氧化铜发生反应,后者氧元素比例降低,甚至形成纯铜元素,或许质地最佳的红釉就由此而来。氧化亚铜几乎不可能以稳定状态存在,因此可以假设还原反应持续进行,到最后也会形成单质铜。还有一点值得注意,釉料中铜含量极少时,釉色最为鲜红;含量较多时则为乳浊红①,其亮度和深度无法与正宗郎窑红相比。

含铜氧化物(氧化亚铜)或金属元素铜进行"还原"反应时会使釉料呈现红彩,"氧化"铜则会呈现蓝彩和绿彩。

显然,景德镇的制陶工人掌握了这种技艺后,便用特殊的匣钵来进行这种还原反应。先将器物放进带孔的匣钵中,再一起放入外层匣钵中,将木炭填充在匣钵与匣钵之间。入窑烧制时木炭会与氧气反应产生一氧化碳,而后又进一步反应产生二氧化碳,由此进行铜氧化物的还原反应。早期还没有形成科学的制作体系时,陶工们便已熟练地控制烟雾制造还原气氛。

在釉料中加入铜,利用不同的化学反应和烧制条件,可以产生各种颜色,几乎包括彩虹的所有颜色。其中所涉及的化学反应和制作过程不便在此描述。关于釉料的相关研究有许多,并且仍在继续。英国皇家学会会员赫伯特·杰克逊爵士(Sir Herbert Jackson)、梅勒博士(Dr. J. W. Mellor)和伯纳德·摩尔先生等知名权威学者从不同角度进行了研究,提供了许多新的观点。同时,如果能对中国陶工使用的釉料进行更广泛的化学分析和光谱分析,或许能更好地判断他们对釉料中化学原理的掌握程度,并了解他们经过认真观察和一次次精确操作后取得的成就。

在总结这些技术特点之前,必须了解釉料中的气泡;在区分早期釉料和晚期釉料时,会重点参考气泡的数量。气泡的产生有化学原因和物理原因。如果釉料中存在少量的碳酸镁或碳酸钙,在高温下会分解并产生碳酸气体,这些气体就形成了釉料中的气泡。或是釉料为粉末状时,空气堵塞其中,在低温下未完全熔化,由此产生气泡。另外,水分蒸发也会在釉料中留下气泡。各个时代的制瓷过程都会出现这些化学或物理情形,从而在釉面留下气泡,所以是否存在大量气泡不能作为某个时代制陶技艺的特征。同时,气泡的分布和聚集密度对釉料的质地也有重要影响。从微观视角可观察到早期釉料柔和、松软,很大程度上归结于气泡表面散射的光。要知道本书纸张不透明的原因是纤维纸面对光线反射和纸层内光线的散射,如果在纸上滴一滴油,纸张就会变成半透明,因为油会填充到纤维中,从而减少纸张内部光散射界面的数量。

如不想直接把这些珍贵的标本送到实验室,交给化学家和他们手中的检测仪器,我们就必须依靠自己的眼睛和手,尤其是眼睛,来区分早期标本和后期仿品。我们应首先

---

① 当硅酸铅釉或锡中存在铜时就会呈现这种乳浊红,溶液中含铅或锡时,便可维持高浓度铜。——原注

观察瓷器的器型。我曾向一位同行咨询过一件来源不详的器物,他评论道"该器型很不规整",这个回答很有借鉴意义。一个人如看到过、接触过大量陶瓷,便对器物比例十分敏锐,反而容易忽视器物的其他方面。无论器物使用何种装饰技艺,刻花或浮雕,都必须认真审视其技艺是否合格。如果器物装饰不拘一格,且非刻意而为或落入定式,或可增添些许安心之感。后期的仿制品往往质地坚硬,风格传统,下笔迟疑,缺乏自主性。

还有一点需留意,早期有许多小型窑口。明朝末期和清朝统治时期,景德镇成为全国陶瓷制作中心。但是在宋元以及更早期的时候,窑口遍及全国。公元960年至1368年间已知的窑口就有37个,可能还有几十个缺乏文字记载的小型窑口也生产上述类似的陶瓷。毫无疑问,这些小型窑口制作的器物不够精细,没有代表性特征,所以鲜为人知。一些粗略制成的标本可能就来自当时比较活跃的地方窑口。

以上就是针对釉料的全部研究结果,本章仅进行概述。文字描述远不及亲身实践。这些分析都是精密实验与细致观察的结果,不妨花上几个月读上一读。此外,善于观察尤为重要。许多人接触过成千上万的器物,但直到最后也不了解其制作工艺。如果一个人像福尔摩斯一样善于观察,能发现其他人忽略的细节,便可成为鉴赏力卓越的收藏家。

第七章　汝窑和其他相关窑器

　　河南汝州窑，在宋朝时建立，仅现于文献记载中，无标本可供查验，故只能通过文字描述对其加以了解。

　　明清珐琅瓷上描绘了一个关于汝州和汝窑的传说：有位苦行僧，无欲无求，欲节食清修，以通往极乐世界。某日，其饥饿难耐，外出采野果。行至峭壁边缘，不慎滑倒，僧鞋陷于黏土，人未掉落山坡，仅瘫倒在地。其虚弱无比，难以起身，遂失去意识。幸得路人发现，救回家中。救起僧人时，路人注意到僧人衣物上粘有黏土，且黏性较强。于是安置僧人后，路人返回原地，观察地面，发现大量黏土沉积物，可用于制陶，而后进一步验证了猜想。之后便有了汝窑，或称九谷，因黏土发现地位于九座山谷之间。

　　显然，以地名为城镇命名很常见，汝州在当地被称作九谷。九谷虽不是中国任何城镇的名字，但是明清珐琅瓷上却有![九谷]（九谷）字样的标识。有趣的是，日本著名加贺（Kaga）陶瓷的产地九谷烧（Kutani），意思同样表示九座山谷。其代表字符亦与汝窑相同。如今无法依据九谷烧的地理位置判断其命名，因九谷烧窑口位于加贺，是日本为数不多的平原地区之一。不妨大胆推测在1650年[①]日本陶工建立九谷烧时，为表示对早期中国窑口的尊重而以此命名，这种猜测亦合乎情理。

　　加贺陶瓷无论在早期还是晚期，都与公认的汝窑瓷无半分相似之处，但这无法证实猜测有误。日本在生产陶瓷时会大量借鉴、抄袭中国瓷器，这是毫无疑问的。亦不排除另一种极端的可能，即出自对中国陶瓷的尊敬，采用与之相同的名称，却制作出另一种毫不相干的器物，以避免混淆。

　　目前只能在一些文学记载中看到汝窑瓷[②]，中国典籍中有这样的描写，"色如哥而深，微带黄""其为淡青色""色卵白，汁水莹厚如堆脂"，还提到"汁中棕眼隐若蟹爪，底有芝麻花细小挣钉"。显然，入窑烧制前不能在坯体中插入铁钉，因为金属会在高温下熔化，这种工序毫无意义。或许正如《陶说》所言，带有钉痕的胎骨是有瑕疵的。尽管如此，一些产自约17世纪末的瓷盘也有绿色或灰白色裂纹釉，盘底釉面也有褐色釉斑。这些瓷盘采用寻常的仰烧法，上釉时人工添加釉斑，其外观与钉痕并无差别。虽然后来这些标本中的褐色釉斑并非真正的钉痕，可能是支烧时留下的痕迹，但在制作仿古瓷时，人们会

---

① 此处时间有误，应为1655年。——译者注
② 参见本书（原著）第139页。——原注

— 34 —

刻意添加褐色釉斑以求效果逼真,尽量接近文献记载中的汝窑瓷。大英博物馆、维多利亚与艾尔伯特博物馆都有此类标本,其中一些来自婆罗洲(Borneo)[①],推测其皆为明清仿汝窑器。

项元汴的图谱中有三件汝窑瓷标本。第一件是一个喇叭状瓶器[②],其上雕刻棕榈叶和卷轴纹,釉色青绿。项元汴称此乃锦衣卫头目花 50 英镑购得。第二件为烧杯状瓶器[③],釉色蔚蓝,周身毫无纹片,藏于高官府中。第三件是精致无比的酒樽[④],釉色青绿,布有纹片。最后这件标本精美到令人难以置信。这件精美器物即使无法超越项元汴所绘的其他非凡器物,亦能与之相媲美。这些标本极难保存,所以能流传下来的必定珍贵无比,广受赞誉。

仅有文字记载还远远不够,但是目前窑口遗址中出土的标本也无法提供明确的线索,因此能有为数不多的记载,便已十分难得。另外,霍布森相关著作中的进一步研究引发关注。北宋宣和七年(1125 年)出访高丽的使臣徐兢对当地陶瓷进行了描述,写到一些高丽瓷器如同"汝州新窑器"。这为我们提供了最接近汝窑瓷所处时代的资料,所以关于高丽瓷的记载至关重要。高丽瓷标本数量众多,可通过这些标本对釉色特点加以分析。高丽瓷釉色从灰绿到粉青,色彩柔和,质地柔软。事实上,高丽青瓷釉色范围与釉料质地都与龙泉青瓷极为相似。在此基础上,可推测汝窑釉色亦从灰绿到青绿不等。

如果说汝窑标本至今未见,那么柴窑也自不必说。柴窑并非以其所在地"开封府"命名,亦非以临近的郑州命名,而是得名于当时世宗皇帝的姓氏。世宗皇帝在位期间创办柴窑器(见原著第 2 章第 17 页),其被誉为"青如天,明如镜,薄如纸,声如磬"。这种精美的器物如今已不复存在,即使在 17 世纪,一些珍贵的柴窑瓷碎片亦被拼接为绦环作为珠宝装饰,经后世赞颂声名远扬。

最后提及一些可能产自越窑的瓷器,然而其未有已鉴定的标本。越州位于浙江省,临近杭州。唐朝即制作越窑器,如文献中描述属实,其质量上乘,可与后期其他瓷器相媲美。4 世纪便有诗文以越窑杯、碗为主题,这表明越窑开创时间早于唐朝。南宋时期,越窑器制作中心转移到了浙江余姚县。

越窑器首次与秘色联系在一起是用于形容釉色。"秘色"二字用于描述官窑瓷器,官窑是本书另一章的主题,但在此介绍秘色及其重要性非常合适。"秘"表示秘密的、私人的、禁止的。"色"指颜色、美、欲望。关于秘色有许多解释,其中一种表示古代陶工用一

---

① 婆罗洲(Borneo),世界第三大岛,历史悠久,中国史籍称为"婆利""勃泥""渤泥""婆罗"等。——译者注

② 汝窑蕉叶雷文瓿,《历代名瓷图谱》,[宋]项元汴著。——译者注

③ 汝窑小圆瓿,《历代名瓷图谱》,[宋]项元汴著。——译者注

④ 汝窑凫尊,《历代名瓷图谱》,[宋]项元汴著。——译者注

种不为人知的神秘工艺制作出的釉色。

还有一种解释是这种特别的器物只供奉给皇室。宋代文人写道："越州烧进,不得臣庶用,故云秘色。"①但是还有一些关于秘色的描述："王蜀报朱梁信物有金棱碗。致语云:金棱含宝碗之光,秘色抱青瓷之响;则秘色是当时(10世纪初)瓷器之名。不然吴越专以此烧进,而王蜀亦取以报梁(907—922)②耶?"

《陶说》有言："南宋余姚有秘色瓷。"《陶说》作者朱琰征引后,表示"今未得见秘色窑器",但推测其与钧窑瓷相似。

《陶说》作者又言："后人因秘色为当时烧进之名,忘所由来。"

所以秘色的精确含义对早期中国陶瓷专家而言是个未解之谜。那20世纪的我们无法了解其真实含义,也就不足为奇了。我曾借机询问过个别中国学者对秘色的理解,他们也没有提出比上文更合理的解释,但也有一定的借鉴意义。谈到宋朝杭州的官窑时,《陶说》征引了《格古要论》,描述其色青带粉红。如今在一些经鉴定为官窑瓷器的标本中,可见青绿乳白釉面弥漫浅粉裂纹。此效果源自黄褐色胎骨施釉,产生浅粉色调。

玩九柱戏时,如果没有人摆放木柱以供击倒,那游戏就失去了趣味。这些假设就如九柱戏中的木柱,希望可以通过这些假设引发更深入的研究,从而发掘秘色的意义。如果摆柱者自己作为第一个玩家也许有失公允,幸而徐兢已将第一根柱子击倒,提到了与秘色相关的汝瓷釉。他在著作中描述了12世纪初的高丽瓷类似"越州古秘色"。很难想象出青釉中弥漫着玫瑰红的样子。这种官窑釉色的效果很大程度上源自乳白釉,而青瓷这种非乳白釉无法产生相同的效果。

---

① 引自《高斋漫录》,[南宋]曾慥著。——译者注
② 此处指后梁,实际统治时期为公元907至公元923年。——译者注

第八章　官窑

　　无一例外,宋元时期的瓷器都以窑址中心地而闻名;但是在本章中,必须提到一类重要的瓷器,其名称并不源自某个特定的制造地。"官"的意思是皇家的或官方的;而"官窑"象征着为皇家或官方使用而制造的器物。因此,它可能产自不同的皇家窑口或皇家给予经费补贴的窑口。这个术语可以用于指不同时期的器物。我们有充分的证据证明这一点,但宋朝的御制瓷器往往以"大"字为前缀,与后来制造的瓷器相区别,比如"大官"是宋、元两代官窑制品的总称。宋前陶瓷中尚未出现过"官"字。

　　宋徽宗是一位大众熟知的伟大艺术创造者,其统治时期,宋朝首都开封府建立了皇家瓷窑。徽宗是宋室最后一位定都开封府的帝王,在开封,官窑仅维持了二十年。这些窑大约建于公元1107年,众所周知,公元1127年,宋廷南迁。

　　南宋王朝在杭州建都时,便开始在附近建立新的窑口。从《陶说》中可知,在邵成章的领导下,南宋在修内司①建立了窑口,其窑器后被称为内窑(宫廷瓷器),以及官窑(御瓷)。《陶说》中引用的另一位作者认为,皇家窑口位于杭州凤凰山下。还有一位中国权威人士说道:"后来在天坛下烧制新瓷器,也被称为官瓷,但与先前的瓷器相差甚远。"

　　因此,我们有文献证明宋代有三处陶瓷制作中心,生产御瓷或官瓷。两处在杭州或其附近,一处在开封府。元朝时期,杭州的窑口还在继续生产瓷器,但是这些窑口所产器物特征难以明确。

　　后来,开封府的陶匠们也随着朝廷一起迁至杭州。因此,官窑的风格和主要技术应相同。但是,由于黏土来源地不同,在河南开封和浙江杭州生产的陶器胎体可能存在些许差异。

　　《陶说》并未描述"开封府"瓷器的胎体颜色,但引用了《博物要览》②中的话,认为杭州瓷器由褐色瓷土制成。其器物口沿和底部均呈褐色,这一点人们在谈到早期陶瓷时经常会提到。褐口可解释为,釉水从容器顶部向下流动,口沿釉薄,故口露底色;而其足露色更深,乃窑内高温所致。

　　我们是否发现了与官窑具有相同特征但胎体颜色不同的器物呢?这样的话,我们可以得出结论:一组来自河南,另一组来自浙江,但出自同一批陶匠之手。

---

　　① 修内司,为官署,隶属于将作监,北宋始置,南宋建炎三年(1129年)诏将作监并归工程,修内司兼统宫廷窑务烧造的瓷器。——译者注

　　②《陶说》,第2卷。——原注

读者翻到插图 13，就会看到一个瓷碗和一个瓷器茶碟，两者圈足胎体颜色不同：一个（图 1）颜色比另一个浅得多。有些官窑瓷器具有与图 1 标本相同的蓝色乳光釉，但却有着类似图 2 中的深色胎体，尽管蓝色乳光釉更常见于颜色较浅的胎体上。换句话说，大众认定为"官窑"的器物可以有浅色或深色的胎体。

如果将《博物要览》的论点总结为两种官窑所用黏土颜色不同，则需假定"开封府"瓷器的胎体颜色比杭州的浅。通过与钧窑胎体的对比证实了这一推测：钧州近开封府，其瓷器胎体颜色亦不深。两组官窑器物均是瓷质，撞击时可发出清脆声响。

图 1   图 2

插图 13

图 1　官窑：瓷碗，黄色胎体，蓝色乳光釉，口径 8 $\frac{3}{4}$ 英寸，宋代，G. 尤摩弗帕勒斯先生藏品。

图 2　官窑：茶碟，硬质炻器，褐色胎体，施橄榄绿釉，口径 7 $\frac{7}{8}$ 英寸，宋代，G. 尤摩弗帕勒斯先生藏品。

瓷器之美源自其釉色，项元汴在《历代名瓷图谱》中描述了官窑瓷器的各种色调。其中描述了十件不同的器物：所有瓷器都以高深莫测的"青"来形容，这个词意味着蓝色或绿色。该词被其他形容词所修饰，这些形容词强调釉的蓝色本质，而非绿色调。因此，也许可以假设乳白色釉的颜色通常为淡紫色，两个极端分别是鸽灰色和明亮的蓝色及绿色。这种色调广泛的器物不难找到，此种色调加之某些其他特征，通常被认为是官窑的典型特征。

插图 13 图 1 为一件精致标本，施厚重的蓝色乳光釉，釉水均匀向下流淌至圈足，圈足上有一滴相似的釉。圈足上的釉斑似乎与许多归类为官窑的标本有所不同，但这并不重要。以这种方式部分填充圈足，无法凸显普通陶工的技艺，提到这个特征是因为其符合许多已知标本的普遍特征。然而，这一特征无法作为直接参考证据。

插图 13 中的另一件标本为一个茶碟，其釉面呈深橄榄绿。一位中国作家在描述各种官窑釉时，将深绿釉（大绿）视为最珍贵的釉色之一。这件器物的技术和胎体似乎都符合官窑特征，釉的颜色当然也包含在"大绿"中。绿色的官窑瓷并不常见，但该碟可能是此类标本。另外,其圈足内有滴釉,胎体上的釉水均匀垂流至圈足,未在终止处形成泪滴状,此乃宋釉常态。

在结束关于官窑器物"大绿"釉的介绍之前,必须提到席勒先生收藏的一件精品。但我们只能依靠文字描述来认识它,因为该物过于珍贵,无法提供插图。其为一件大约十五英寸高的花瓶,状似青铜器,四个侧面线条弯曲优美。象面浮雕装饰位于颈口以下、肩部以上。方足,细腻白瓷;圈足内部和底座施深绿色釉。虽然圈足未露出任何红色,但在釉面没有覆盖到的侧面可见一两个红色小点。不止一位中国鉴赏家宣称这件器物乃宋朝御瓷。如此描述相当于将此花瓶归为官瓷,但其胎体与我们所举例子大相径庭,完全不同于宋朝开封府及南宋杭州所产官瓷。粗略判断可能会将这件花瓶归于雍正时期景德镇的佳品。然而,当地人并不这么认为,且这种釉在18世纪还未出现。这件花瓶与《历代名瓷图谱》中的一些标本极为相似。

许多带有蓝色乳光釉的官窑器物有时会呈现出接近勿忘我花的色调,玫瑰红弥漫在主色的各个部分。当胎体上施一层薄薄的蓝色乳光釉时,有些标本表现出的效果格外与众不同。用手轻轻转动瓷器,粉红色会变得更加明显。《格古要论》①提到宋朝修内司制造的官窑瓷为蓝绿色,略带不同程度的粉红色。显然,这就是此处我们提到的效果。②

收藏家们见到的大多数瓷器的釉面上也许都有一些轻微的裂纹,但这并非普遍特征。

两宋时期的皇家窑口不太注重实用性器物,比起刻花和浮雕装饰,他们更欣赏高级的釉面效果。

此类瓷器似乎产于余杭县和余姚县。两地均离杭州很近,流传下来的一些器物可能就产于这些窑口,但其特征难寻。《陶说》中记载,南宋时期,余姚所产秘色瓷与钧窑瓷相似。该记载具有一定的参考价值,因为目前所知的官窑瓷器,与更精致的钧窑瓷器最为相似,下一章将就此展开详细叙述。

最后,还有后来在景德镇仿制的宋官窑瓷或大官窑瓷。和其他地方一样,瓷都的陶匠们奉命不断地仿制古瓷,以供当时皇帝之需。这些仿制品均为白色瓷胎,并在其裸露的底部覆以铁锈色黏土。

① 《陶说》,第2卷。——原注
② 前一章,探讨越州瓷和"秘色"的含义时,这种粉红色器物已提及。——原注

第九章　钧窑①

前一章中，我们已经讨论了官窑瓷，其与质地上佳的钧窑瓷极为相似。事实上，官窑相当于一个大家族中的贵族，而钧窑则是这个家族中的普通劳动者。虽然当今这个家族中地位较低的瓷器所获得的市场价值高于其他任何陶瓷，但过去中国鉴赏家们并不器重这些钧窑瓷。

卜士礼医生的译著《陶说》中描述了各类瓷器，但在列举名窑的典型瓷器时，并没有重点提及钧窑，仅在补充说明时提到钧窑瓷质地粗糙，因此，引用《博物要览》的话"其他如坐墩、炉、盒、方瓶、罐子，俱是黄沙泥坯，故器质粗厚不佳"。项元汴在《历代名瓷图谱》中列举了4件钧窑瓷，并将其与12件定窑瓷、11件龙泉窑器和10件官窑器进行比较。

但是无论在中国、欧洲还是美国，后世都对钧窑瓷美丽的釉色设定了不同的价值，一件上佳的钧洗必须给出至少四位数的价位。钧窑建于宋初，位于河南钧州，近开封府，为早期官窑瓷产地。后宋室迁至长江以南的杭州，未证实钧窑陶工随之南迁，因此北宋和南宋时期的官窑瓷坯体颜色并无差异。

元朝建立后，钧州陶工继续制瓷，因为有一系列标本出自名为元瓷的窑场，相关描述见本章下文。

从《古今图书集成》中有关陶工（陶业）部分提到的文献来看，这些窑场在元朝之后的明朝仍继续运作。明朝改钧州为禹州。目前，禹州仍产瓷器；但是，陶工只继承了遗址，却未能保留传统或传承前辈的技艺。

宋朝瓷器分为两类，一类是中国人所知的瓷胎，另一类是沙胎。欧美收藏家通常分别称其为"硬钧瓷"和"软钧瓷"。

这里必须说句题外话，以便清楚地理解"瓷器"一词。自霍布森先生引入此概念以来，收藏家们开始使用"瓷器"一词。对英国陶工来说，瓷器意味着一种含有某些成分的胎体，并已经烧制达到一定程度的玻璃化阶段，因此，在光下呈半透明状。另外，炻器和陶器虽极薄，却往往不透光。纯粹而简单的陶器不是半透明的。然而，中国人并不以是否半透明作为鉴定标准，他们以敲击时是否声音清脆为分界线。

"瓷质炻器"符合中国人对瓷器的定义，但通常不符合英国陶工的要求。一些宋瓷被认为是欧洲意义上的瓷器，因为它们是半透明的，例如定窑瓷。当然，后来在景德镇制作

---

① "钧"也作"均"。——译者注

的器物亦是半透明的。但是那些更为精致、坚硬、不透明但敲击时会发出清脆声响的器物,用瓷质炻器来描述更为恰当——尽管在西方人看来,这可能意味着术语上的矛盾。或者使用另一种定义,即以瓷质炻器来描述那些不透明但包含瓷器基本组成成分的器物。

瓷胎胎体灰白,粉碎表面检测时发现其与某些河南胎体并无区别。这种说法与罗斯·西克勒·威廉姆斯女士(Mrs. Rose Sickler Williams)的观点相悖,她对钧瓷的描述很有启发性。威廉姆斯女士认为瓷胎异于河南瓷的胎体,但早期的磁州窑瓷器与之相似;此外,通常被归类为河南窑瓷的黑釉瓷,胎体也与之非常相似。另外,还有上一章提到的官窑,或许也具有开封府窑的特征。现在我会将磁州窑归类为河南窑口,磁州今虽属直隶省(河北省),古时却属河南省。威廉姆斯女士引用中国权威专家的话,表明更精致的钧窑瓷由邻近江西景德镇上贡的黏土制成;专家还说到,这种黏土会上贡给皇窑,以制作碗罐供皇家使用。正如前文所说,《陶说》在描写各类窑瓷时,并未重点提到钧窑瓷。

最精美的瓷质炻器为三足洗,以及底部设计有排水孔的花盆。花盆置于托盘中,可防止流出的水弄脏桌子。收藏家会见到更多的托盘而非花盆,因为花盆显然更易破损。这些器物的底部通常施一层褐色或褐绿色透明釉,且胎体上都刻有不同数字。这些数字从 1 到 10 表示器物的尺寸大小①。花盆与配套的托盘应在釉色和数字编号上保持一致,但如此成套的完美标本数量极少。此外,瓷洗的底部显示出一圈支烧痕,标记出其在窑中放置的位置。花盆底部无支烧痕,显然是被置于垫圈上烧制而成的,因此花盆底部可见垫圈痕迹。

这些钧洗和花盆使用的釉色极其丰富。它们从浓郁的深红色到各种紫色,再到不同程度的蓝色,再到淡紫色和灰色。碗的内部通常为深蓝色或新月色。尽管《陶说》中提到标本颜色统一最为重要,且项元汴《历代名瓷图谱》中的 4 件标本也均为紫色单色釉,但进入西方市场的碗和花盆却釉色多样。事实上,它们代表了最早的窑变釉,这种釉在 18 世纪被广泛使用。其各种不同的色调源自铜,铜通过还原或氧化②产生了红色、紫色、蓝色和淡紫色。

大英博物馆、维多利亚与艾尔伯特博物馆各藏有一件精美瓷洗,亲眼观察时,会发现它们比任何这类陶瓷特征的文字描述都更加卓越。现收藏在大英博物馆的这件标本是尤摩弗帕勒斯先生赠给国家的,他同时还是维多利亚与艾尔伯特博物馆那件藏品的共同

① 有趣的是,用数字来表示器物大小,或是作为一系列花瓶的标识,早在宋朝便十分普遍。劳费尔先生在《汉代陶瓷器论考》第 132 页描述了一件陶器,铭文末记载"汉制壶,编号五"。底部外围刻着:"容量 1 品脱,重 14 盎司,制于甘露二年(即公元前 52 年),编号 5。"——原注

② 相关解释参照(本书原著)第 64 页。——原注

捐赠人。尤摩弗帕勒斯先生收藏了一系列精美绝伦的瓷洗和花盆,其中一件可参见插图16。我打破了我在前言中制定的规则,加入了这幅插图,因为这类器物大部分收藏家无法获得。插图16还展示了一个类似的瓷洗,插图17图2则是一尊同样三足的香炉。感谢周先生(Mr. K. K. Chow)的慷慨相赠,大家才能在大英博物馆欣赏到第二件器物,其出土于钧州窑址。第三件器物制作于后期,为奥本海姆先生藏品,其上可见明朝最后一位重要皇帝万历(1573—1619)①的年号。这三件器物很有意义,它们证明了典型的钧瓷制作延续了约五百或六百年。第二件标本的归属尚未明确,但可能产自明朝早期。如图所见,其为常见的钧洗器型,但胎体上仅有一排鼓钉。釉面呈现柔和的绿松石色,有大面积的棕色色块。底部未施釉,显露出灰白色胎体。内壁似乎也覆盖着绿松石釉,但已褪色脱落。

宋朝钧釉厚而有光泽,当它们向下流动到达终点时,通常以厚卷状结束。这些器物没有传统意义上的裂纹,而是表现出一种更独有的特征,即所谓的"蚯蚓走泥纹"。这些痕迹一般在器皿的内部最为明显,看起来就像釉面上的微小裂纹,呈现出歪歪扭扭的 V 字形或 Y 字形。有时这种裂纹更加杂乱,也正符合"蚯蚓走泥纹"这一名称的由来。中国人相当重视这些特征的存在,尽管《陶说》里对器物的简短描述中没有提到这些特征,但是如同定窑器上的泪痕,这些特征被视为正品的象征。

釉泡是钧窑瓷的另一特征,其无疑为烧制过程中气体被釉面包裹形成气泡,气泡破裂时,釉面即出现细微痕迹和针孔。

除了底足的形状,有时用简单的卷轴装饰,以及增加了两排常见的鼓钉外,我们所知的钧瓷无其他装饰。其魅力取决于釉料的色彩效果。项元汴的图谱中出现了刻花装饰的器物,但据我们所知,现存宋朝标本上还未出现过这种装饰技艺。我们也没有见过如图谱中描绘的盘油瓶般精致的器物。如本章开头所述,所有器物制作严格,皆为实用器型,其设计没有考虑到精神满足感与美学享受。

插图14图2中,可以看到一个高脚杯式的硬钧瓷,其上可见红色窑变釉;图1为一个花瓶,瓶身施蓝釉,带有典型的红色斑点。

另一类钧窑瓷,欧洲人称之为"软钧",而中国人称之为"沙胎"。其与我们上文描述的钧窑瓷有以下区别:胎体颜色更黄,颗粒更粗糙,且器型更多样。此外,这类瓷器主釉中常见颜色鲜艳的斑点。如前所述,这两个类别之间的分界线并不明确,归入此类别下的几件标本很可能被归入"硬钧",因为其胎体具有瓷器的特质。

软钧瓷底部刻有数字,其方式与上述"硬钧"洗相似。

---

① 万历皇帝统治时期实际为公元 1573 年至公元 1620 年。——译者注

釉料的一般特征与前面谈到的第一类釉料相似:釉层较厚,呈乳白色,但主要颜色为蓝色或淡紫色。虽然在某些方面,单色瓷器最受欢迎,但那些带有红色或深蓝色(特别是红色)醒目斑点的瓷器也极受青睐。有时,斑点的形状与动物(如鱼类)有些相似,带有这种斑点的瓷器特别受到中国鉴赏家的追捧。

釉面呈彩虹色时,可产生大面积的飞溅效果,霍布森先生的《中国陶瓷》一书插图第17页中即为一件彩色标本。本书插图14、15也展示了不同颜色效果的钧窑瓷器。高质量的斑点钧瓷如此珍贵,即使一块蓝色乳浊釉带红釉斑的碎片,也常常被镶嵌在银或玳瑁上作为装饰。

虽然瓷洗这种器型十分常见,但是不同形状的花瓶、茶碟和盘子并不常见。较大的花瓶,如插图18图2所示,通常由较软的胎骨制成,从"胎体"的角度来看,属于较低等级的"软钧"。釉料常有裂痕,但非人为。

图1   图2

插图 14

图1   钧窑:双耳瓶,卷唇,金属包镶,蓝釉红斑,高 $4\frac{7}{8}$ 英寸,宋代,J. 贝尔德先生藏品。

图2   钧窑:高脚杯,瓷质炻器,外施深梅红釉,内施蓝色乳浊釉,高 $3\frac{1}{8}$ 英寸,宋代,亚历山大姐妹藏品。

中国早期陶瓷器物（The Early Ceramic Wares of China）

图 1　　　　　　　　　　　　　　　　　　　图 2

插图 15

图 1　钧窑："软钧"花瓶,浅蓝釉红斑,高 $4\frac{3}{4}$ 英寸,宋代,G.尤摩弗帕勒斯先生藏品。

图 2　钧窑:小碗,瓷质炻器,浅蓝釉紫斑,口径 $3\frac{1}{2}$ 英寸,宋代,亚历山大姐妹藏品。

在分析宋代各类钧窑瓷器仿制品之前,须先了解名为元瓷的一类陶瓷。

我不知"元瓷"一词从何而来,其起源亦无关紧要。显然,元瓷指元朝时期钧州所产瓷器,该术语自然应包括元朝统治期间所有窑场生产的陶瓷,然而事实上,它仅表示钧窑元瓷。

毫无疑问,宋朝所有或者大部分窑场都为蒙古人制作器物。正如其他章节所指出的那样,这些瓷器可能质地粗糙,工艺朴素,用以贸易货物。元朝陶工也不太可能制作出新型器物,更不可能建立新的制瓷中心。因此,本书不会单独分析元瓷,如有必要,介绍各制瓷中心时将会提及元瓷。如果一个人敢肯定地说"这是一件元瓷,那是一件宋瓷",那他就太冒失了。他很可能会说:"其技艺一般,完成度与质量均不及宋朝器物,更像元瓷。"一位自尊自重的收藏家也只能言尽于此了。我们中的大多数人更愿意说"宋或元",以期望其制作时间在 400 年内。如果瓷器本身精美,其制作朝代便不重要;如果重在古董,那究竟产于 11 世纪、12 世纪、13 世纪还是 14 世纪便也无关紧要,因为不管产于哪个时代,都值得尊敬。

我们已经注意到,后人高度重视钧釉的艺术效果。明朝末年,钧釉之美广受赞扬,我们可从《陶说》①中得知:"近年(明朝)新烧,皆宜兴沙土为骨,釉水微似,制有佳者,但不耐用。"作者又评论道:"明时江南常州府宜兴县欧姓者,造瓷器曰欧窑。有仿哥窑纹片者,有仿官、钧窑色者。彩色甚多。"

宜兴土能制造出一种坚硬的红色粗陶,收藏家对这种未上釉的红色粗陶茶壶和其他器物都十分熟悉。因此,当收藏家遇到一些标本,其釉料似钧釉,但却是红色炻器胎体,那它们很可能是欧氏制作的宜兴陶器,更可能是欧姓后人所制。通常人们遇到的器物为深蓝色或紫色,带有红色条纹,与某些类型的钧窑瓷非常相似。但是从上文便可感受到,"它们并不耐用"。这些器物釉面较软,其上常见明显划痕与擦痕,胎体颜色特别,易判断。霍布森先生②认为,凹底代替中空底和圈足,以及釉层在底面附近以均匀的规则线而不是波浪线终止,都是宜兴陶的特征。

但是,钧瓷仿制还未讲完。广东窑场早期便开始仿制钧釉,尤其是靠近广州的佛山窑场,其所产器物都有一个共同点。这些器物的底部经常被刻上数字,从而模仿钧窑,以假乱真。在我看来,这些仿品比宜兴的标本更容易辨别。广东器物胎体是特别的深灰色,釉料既不似钧窑瓷器般厚重,亦不是乳白色。插图17 图1 为此类标本。一些从中国直接运到英国的广东瓷器,其釉面斑驳,属宋朝标本。毋庸置疑,广州窑场建立极早,唐朝时便已制作器物。但这些著名的宋朝广东瓷器在西方毫无吸引力,它们与17 世纪和18 世纪的产品最为相似,大量标本可轻易获得。这些瓷器常为柱状花瓶,确实不属于典型宋朝器型。这些针对宋朝南方知名标本的描述可能过于冗长,但是由于广东瓷器还未形成一种具有单独参考价值的足够重要的类别,所以放在这里最为合适。如果没有这些重复的叙述,我们就没办法了解中国人眼里的宋瓷。毫无疑问,中国商人为其货物贴上宋朝标签,以提高其在不明真相的人眼中的价值。尽管那些中国权威人士对这种做法持怀疑态度,但这种做法仍然存在。就像那个不朽记忆中的黄油工③一样,中国人大概对自己的货物有所了解,且不能轻易否定本国人的意见。我们可能相信一些官窑源于宋朝,但目前看来,这些官窑器都出自中国17、18 世纪的陶工之手。

最后,必须了解一下18 世纪雍正统治时期(1723—1735)景德镇制造的仿品。景德镇御窑厂仿制早期瓷器,而这些早期瓷器来自各位皇帝的宫殿,但雍正时期这方面投入最多。这显然是雍正于此做出的最大贡献。1730 年左右,御窑厂制作的瓷器清单上包括各种钧釉的模仿工艺细节,这些瓷器美丽得令人惊叹。这些仿制品没有欺诈意图。尽管

---

① 在清朝时期,江南省被划分为安徽和江苏。宜兴位于江苏省太湖附近,见《中国陶瓷工厂》。——原注

②《中国陶瓷》,第1 卷第183 页。——原注

③ 许多读者会记起《我们的孩子》一剧,想起黄油工的那句朴素的话:"让我了解一下黄油。""我告诉你,这是达西特黄油。"——原注

白瓷以含铁黏土装饰胎体,以形成"铁足底",但是这种设计是为了与原型保持一致。标本的底部通常刻有雍正年号,以示陶工的诚意。尽管最初的制作者无意欺骗,之后拥有这些器物的人却会萌生这种念头。一些雍正时期的仿制品已被磨掉年号款识,白瓷被褐色清漆重新掩盖,用以冒充宋瓷。

仅仅从釉面效果来看,很难发现这些为仿制品,那些釉质最佳的器物最具迷惑性。事实上,作为美的物品,它们是值得被欣赏的。它们也许比任何其他早期瓷器的后期仿制品都更接近宋釉的完美效果。要想确定其出处并不难,因为其胎体还未被伪装到真假难辨的程度。

中国和日本的陶器和粗陶器仿品更加难以分辨,其中一些与沙胎钧瓷非常相似,收藏家需谨慎。收藏家在了解了真品和赝品的区别之后,可以通过器物足底的模糊处理方式来加以辨认。

图 1 图 2

插图 16

图 1　钧窑:瓷洗,灰白色胎体,绿松石釉面,釉面部分剥落,发现于窑址地,口径 7 $\frac{3}{4}$ 英寸,明初,大英博物馆藏品。

图 2　钧窑:瓷洗,瓷质炻器,深梅红及蓝色釉,口径 9 英寸,宋代,G.尤摩弗帕勒斯先生藏品。

图 1　　　　　　　　　　　　　　　　　　　图 2

插图 17

图 1　广东窑:深灰色炻器胎体,淡紫色釉类钧瓷,高 $9\frac{3}{4}$ 英寸,16 世纪或 17 世纪,亚历山大姐妹藏品。

图 2　钧足香炉,白瓷胎体,黄釉底,蓝色浮雕卷轴纹,高 $6\frac{1}{2}$ 英寸,明末,标年号万历,H. J. 奥本海姆先生藏品。

图 1　　　　　　　　　　　　　　　　　　　图 2

插图 18

图 1　钧窑:碗,黏有匣钵渣,瓷质炻器,淡蓝色釉面,红紫色斑点,口径 $7\frac{1}{2}$ 英寸,宋代,H. B. 哈里斯先生藏品。

图 2　钧窑:瓷质炻器花瓶,薰衣草蓝色釉,高 7 英寸,宋元时期,J. 贝尔德先生藏品。

第十章　定窑

中国和欧洲的鉴赏家都认为定窑为宋朝工艺巅峰的典型代表,当代与后代对此看法一致,这与钧窑不同。

定窑之名源于其发源地定州,即当今直隶省定州。似乎早在宋初便开始生产定窑瓷,一些质地欠佳的定窑瓷来源更早。夏德(Hirth)①引用了大约公元 650 年编纂的《唐本草》来证明高岭土在早期便用于陶瓷制作。《唐本草》建议用"定州白瓷"中提取的粉末来治疗某些疾病,其中还提到瓷土或高岭土②。此外,威廉姆斯女士③称,当地定窑在宋朝乃至宋以前就很有名,按照传统说法,窑场位于白土村——镇西边某地。人们希望可以精确定位窑场所在地,并通过科学挖掘找到早期的宋瓷,即 1127 年定州陶工跟随北宋朝廷南迁之前制造的器物。

文献记载中对北定窑极尽赞颂,称其技艺在政和与宣和时期,即 1111—1125 年间达到了最高水平。定州陶工 1127 年撤离河南和直隶省以后,在长江以南建立窑场,但其主要制作中心尚未明确。

威廉姆斯女士④说此地为昌南,即瓷都景德镇。如前文所述⑤,在南宋建立前约 20 年,昌南镇改名为景德镇。霍布森先生⑥则语焉不详,他表示陶工们在景德镇附近重新建立窑口。贺壁理先生⑦称,新的陶瓷中心位于南宋都城杭州。或许在宋朝就已经名声大噪的景德镇御窑厂,是大多数定州陶工所向往的地方;但也有可能,当直隶省的陶工各奔东西时,一些人流向其他制瓷中心,帮助生产南定,这一称呼与北定即北定窑相对应。

《陶说》作者朱琰宽慰我们道:"爱古者能分别南北定,而又不为后来效仿者所惑,庶几不愧鉴赏家矣。"如果说这是 18 世纪一位杰出的中国专家的意见,那么不管出自北宋或南宋陶工之手,20 世纪的"洋鬼子"如能拥有一两件精美的定窑瓷,便足矣。无论如何,我们不会试图界定两者之间的差异,因为这是不可能的,能对定窑瓷的主要特征加以分析便已足够。

---

① 《中国古代瓷器》,F. 夏德(F. Hirth),引用《唐本草》。——原注
② 白垩。——原注
③ 《中国早期陶器与雕刻展览图录》,第 86 页。——原注
④ 《中国早期陶器与雕刻展览图录》,第 86 页。——原注
⑤ 见(本书原著)第 18 页。——原注
⑥ 《中国陶瓷》,第 1 卷第 89 页。——原注
⑦ 《中国陶瓷艺术史简述》,第 16 页。——原注

定窑中略显粗糙的瓷器胎体呈米黄色调,胎骨可见细小颗粒,质地与后来的瓷器相差无几。定窑瓷敲击有声,其中许多薄至透光。在所有常见的宋朝瓷器中,定窑最符合欧洲对瓷器的定义以及中国对瓷器的界定。定窑瓷在光下常透出黄色,直接在窑里烧制时,胎体不显褐色,亦无"紫口铁足"。定窑还有一个独有的特征。已知定窑中,大部分为碗、盘和碟子,皆采用口沿朝下的覆烧工艺,而非仰烧。因此,器口不上釉,而外底和圈足通常上釉。为掩盖芒口瑕疵,常以铜镶芒口。后来的青花瓷器中常见的"巴达维亚瓷"酱口,可能就源于定窑的铜钤口,尽管人们普遍接受的理由是,这些口沿比普通方式上釉的口沿更不容易碎裂。无釉口沿,无论是否镶铜,都被认为来自宋朝,因为据说明朝的景德镇陶工不曾模仿这一特征来制瓷。这种说法并不是全无可能,因为后来的陶工尽管艺术水平较低,但技术水平更高;而且他们肯定对自己的工艺足够自信,不会盲目地去仿制某种瓷器的缺陷。虽然所有鲑鱼皆为鱼,却非所有鱼都为鲑鱼。因此,虽然器口有釉的瓷器不太可能产自宋朝,但相反的情况则不一定成立。如今可见,现代仿制的定窑瓷有意模仿宋瓷特征,总是以铜镶口。

定窑釉面富有光泽,其质地和颜色都与象牙相似。器物外面通常有"泪痕",这是由于施釉技术不完善,导致器物釉层重叠聚集形成的釉缕,呈草黄色。虽然这些痕迹是陶瓷生产中的缺陷,但现已被视为鉴定定窑瓷真伪时不可或缺的一大特征。《陶说》中引用了古代鉴赏家的评价——"外有泪痕者是真"和"白骨而加以泑水,有如泪痕者佳",这些特征是收藏家确定其是否真为定窑瓷的首要判断标准。我见过的现代定窑瓷仿制品上都确有泪痕,但位置不对。泪痕均在碗内侧而非外侧,这是仿造者极易忽略的一点。仿造者会因为我们指出的问题而改正泪痕的位置,但除非他有极高的艺术才能,否则其绘画很难与宋朝那些杰出的陶工相比。

定窑瓷分为三类,即白定、粉定和土定。白定为更优质的瓷器,顾名思义,素白是白定的特点。粉定很难与白定区分开来,白定通常指在定州制作的瓷器;粉定类的白釉可能略带灰色,其区别类似食盐和米粉的颜色差异。土定则与前两种不同:其胎体更粗糙,釉面为乳黄色。这三种定窑釉层都较薄,不同于官窑、钧窑、龙泉窑、建窑器物上的厚釉。

定窑瓷在我们的印象中都是白色,尽管普通收藏家可能遇到的都是白定,但也有酱釉,亦称紫定,甚至还有黑定。《格古要论》①说:"有紫定,色紫;有墨定,色黑如漆。"项元汴所著书②中有 12 件定窑瓷,6 件白色,5 件紫色——但也可能是酱色的,因为文本中的"紫"字具有紫色和酱色两种含义。项元汴对最后一件定窑瓷拍案叫绝,此为一个酒瓶,头颈部为鸭子形状。黑釉覆盖头部和颈部,再突然融入白色中,鸭身全白。项元汴说,他生平所见白定数百种,紫定数十种,但黑定仅此一件,为其姻亲所有。由于我们无法亲眼

---

① 《陶说》,第 2 卷。——原注
② 《历代名瓷图谱》,项元汴著,S. W. 卜士礼译。——原注

欣赏到这件器物，也就不需要进一步讨论黑定。在英国或美国，没有已知的真品黑定①。此外，我们不得不承认，我们没有关于紫定或酱定的第一手知识，尽管当我们讨论建窑瓷（第十五章）时会提到一种红褐色器物，有时被称为"红定"或"酱定"。

定窑所采用的装饰方法多种多样。有时，用刻刀在胎骨上雕刻纹样，随后施一层薄釉，图案不会因此变模糊。这种装饰方法通常最受赞赏。图案通常为花卉，亦有鱼、鸭、凤凰等动物。蚀刻手法豪放自如，一气呵成，与模印品种形成鲜明对比，后者属于下一类别。不过，在结束讨论这一类别之前，或许有必要强调其飘逸的绘画，因为这是宋朝瓷器与后来瓷器的主要区别之一。通常整个盘子或碗的底部都刻有图案，是用凿刻工具寥寥几笔刻画而成；刻画线条坚定自信，最优质的瓷器上没有修饰或纠正错误的笔触。尽管纹样可能很正式，绘画却不显僵硬。

模制或压印的装饰物十分常见，且制作也非常精美，但这些装饰物更加拥挤。这很自然，因为这些设计最初是在模具上制作而成的，与塑性黏土相比，金属模具的调整范围更小。图案通常为花和叶子，周围常以回纹浮雕或卷轴纹装饰。一件优质瓷器工艺之精细经得起放大镜的检验。

但是，许多定窑之美仅归功于器型和釉料。文房用具尤为精致，大花瓶亦同样优雅。

中国文学家也提到了装饰着绣花的定窑，这种装饰手法被翻译成"绘画装饰"，也引出了一个有趣的话题。我们不曾把绘画装饰与定窑联系在一起，但我们知道，磁州窑的陶工在白色釉面上任意使用黑色或褐色进行装饰。由于磁州和定州相距不远，且两地窑场同时运作，所以他们极有可能采用了类似的技术。另外，宋朝磁州窑器釉面与定窑釉面尤其是土定存在一些相似之处，而且很快就会有更多的证据，将某些彩绘瓷从磁州窑剔除，归入土定类别。这与中国文学家的观点一致，中国文学家都认为有绘画图案的瓷器要逊色一些。

此外，《格古要论》和《博物要览》提到了定窑中多样化的绣花技艺，或许是将磁州窑误认为定窑。不过，由于前者出版于1387年，后者出版于17世纪初，似乎没有理由犯下如此严重的同样的错误。不过这些重复描述亦不需过度重视，因为中国文学家经常大量借鉴前人作品。

在插图19、20、21中，可以看到使用了各种刻花与模制工艺的标本，而在插图32，可以看到彩绘磁州窑的标本，如能识别，其可能与彩绘定窑瓷相似。

目前为止，我们已经讨论了北宋和南宋时期分别在定州和景德镇制作的定窑瓷，现在我们必须了解后来的瓷器和那些在宋朝及宋朝以后不太重要的窑器。

在元朝，有个叫彭君宝的金匠，在山西霍州的窑场制作出了一种与定窑瓷非常相似

---

① 威廉姆斯女士谈到最近发现的一些黑瓷标本，认为其或属土定，来自南直隶窑址。——原注

的白瓷,取其制作者之名为彭窑,也称新定窑。上文引用的 14 世纪作品,或多或少都写于同一时期,描述彭窑胎骨精细,但釉料不太润泽,器物质脆。

同一朝代,景德镇的窑场也在从事贸易,无疑更重视数量而非质量。但是,由于这些器物一般不适合出口或贸易,其产量可能比那些生产青瓷等适销对路商品的窑场更不稳定。

后来,明朝皇帝将景德镇推向了制瓷中心的卓越地位。不仅引入了新的瓷器类型,如青花瓷和五彩瓷,旧传统也得以保留。定瓷依旧质量上乘,人们使用英文中的对应词"瓷器"取代"窑",更为恰当,这也标志着过渡。特别是有位名叫周丹泉的制瓷名手,据说他制作的定窑仿品让人难辨真伪。霍布森先生①引用了斯塔尼斯拉斯·朱利安(Stanilas Julien)翻译②的一个关于周丹泉的故事,这个故事非常有趣,值得传诵。"一日,从金阊买舟往江右,道经毗陵,晋谒太常,借阅此鼎。以手度其分寸,仍将片楮摹鼎纹,袖之。旁观者未识其故。解维以往,半载而旋,袖出一炉云:'君家白定炉,我又得其一矣。'唐大骇,以所藏较之,无纤毫疑义,盛以旧炉,底盖宛如辑瑞之合也。询何所自来,周云:'余畴昔借观,以手度者再,盖审其大小轻重耳。实仿为之,不相欺也。'太常叹服,售以四十金,蓄为副本,并藏于家。"

该故事后续亦相当有趣:"万历年间,淮安人杜九前往浮梁。其对唐氏炉鼎垂涎欲滴,魂牵梦绕,形于寤寐。一日,杜九专程拜访唐太常侄子唐君俞,软磨硬泡之下成功从其手中以千金购得周丹泉仿品,遂高兴回家。"唐太常必定也十分高兴,因其先见之明,买下周丹泉仿品,不仅获利 2400%③,还保住了心爱之炉鼎。

今日之收藏家虽不能见到此炉鼎般珍贵的明朝仿品,但也会时不时地遇到理想的标本,如插图 25 图 2。

收藏家会看到大量带有类似定窑釉的陶瓷,但很难确定其归属。从总体外观来看,许多器物似乎是宋朝的,另外一些的细节则带有明显的明朝特征;但不同流派各持己见,所以这些标本还存在许多争议。如果读者看一看插图 23 图 2 中的精致双耳瓶,就会见到一件已被多次讨论的瓷器。一些胆大的人认为此为宋瓷,包括我自己;保守一些的人则认为是明朝的。此器物绘画精湛,读者可自行判断。

另外,插图 25 图 1 所示花瓶虽也是一件精美器物,但似乎源自明朝或更晚时期;而以竹装饰的小碗(插图 24 图 1)无疑是宋代作品。在描述陶瓷器物时,《陶说》作者提到了许多种宋朝的定窑瓷。他还提到了一些外壁模印柳条编织纹的圆盘,而此小碗也有类似特征。

①《中国陶瓷》,第 1 卷第 95 页。——原注
②《中国瓷器的制造及其历史》,斯塔尼斯拉斯·朱利安著。——原注
③ 此处数据有误,应为 2500%。——译者注

清朝时期生产的景德镇白瓷与明朝的定窑仿制品有很大区别:瓷器质量更精细,但釉料不那么润泽,白得毫无生气;此外,图案处,绘画通常更为生硬。

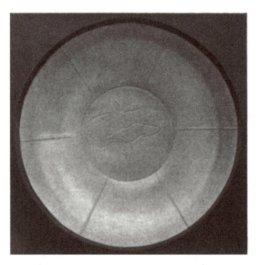

图 1

图 2

图 3

插图 19

图 1　定窑:浅腹碗,口沿镶铜边,六瓣式,白色胎体,胎质细腻,施乳白色釉,碗内中心蚀刻花卉图案,宋代,口径 $7\frac{1}{8}$ 英寸,J. 贝尔德先生藏品。

图 2　定窑:浅腹碗,口沿镶铜边,白色胎体,胎质细腻,施乳白色釉,碗内蚀刻花卉图案,宋代,口径 9 英寸,H. J. 奥本海姆先生藏品。

图 3　定窑:瓷碗,碗口镶铜边,白色胎体,胎质细腻,施乳白色釉,碗外壁蚀刻花卉图案,宋代,口径 $6\frac{1}{2}$ 英寸,J. 贝尔德先生藏品。

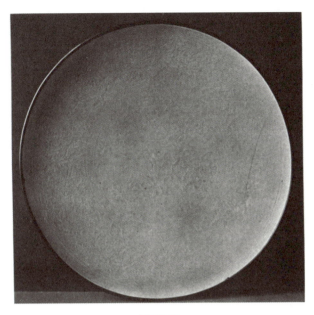

插图 20

定窑:瓷盘,口沿镶铜边,白色胎骨,胎质细腻,施乳白色釉,以浅浮雕花卉图案和回纹装饰,直径 $11\frac{3}{4}$ 英寸,宋代,J. 贝尔德先生藏品。

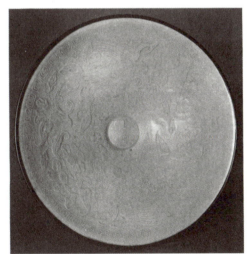

图 1 图 2

插图 21

图 1　定窑类型器:锥形瓷碗,碗足以金缮修复,米白色胎体,外施平滑象牙白釉,釉面有鳝血纹,碗内饰浅浮雕花纹,鳝血纹开片遍布碗底,口径 $3\frac{7}{8}$ 英寸,宋代,作者藏品。

图 2　定窑:瓷碗,口镶铜边,白色胎体,胎质细腻,施乳白色釉,内饰浅浮雕凤纹及花纹,直径 7 英寸,宋代,G. 尤摩弗帕勒斯先生藏品。

第十一章　定窑及相关器物

现在来了解那些生产定窑的小窑场，尽管其中一些器物与定窑瓷不太相似。前文已经提到了该家族中的一位近亲，即由彭君宝及其在山西霍州的窑场制作的被称为新定的器物。显然，山西还有另外三家制造白瓷的窑场，遗憾的是我们对这些窑厂所知甚少。它们分别位于平阳府、榆次县和平定州。前两个从唐朝开始运作，最后一个源自宋朝。从它们的地理位置来看，定州陶工不太可能迁移到这些中心来躲避金朝的鞑靼人。这些陶工会搬到更远的地方，即长江以南；或者无论如何，他们都会途经黄河以南，与大规模出走的人口一起向西迁徙。

如果是这样的话，必须将重点放在这些山西窑口，其制作出的器物具有自身特点，很可能属粗糙型。这种猜测在文献记载中得到了证实，这些窑器质地粗糙，质量次等。瓷器中有一些是实用器具，如碗、酒罐等，其表层覆盖一层质量较差的乳白色釉。据报道，其中一些出土于山西的宋朝坟墓，这可表明它们产自同一省份，但"报道"是最不可靠的来源途径。人们永远不知道在获得信息之前，这些信息被修改了多少。奇怪的是，山西的铁路路堑没有出土更好的证据。

山西的这些窑场和其他窑口都采用了同种技术，即在胎体上施一层薄薄的白色化妆土，再罩以无色透明釉。化妆土上均匀覆盖的釉水，会形成洁白的外层，除了表面通常有裂纹外，与白色小山羊皮手套没什么不同。在器物的某些部分，无色透明釉水可能会流到化妆土的界限之外，令器身呈现出清漆的外观；或者有些部分白色化妆土未被无色透明釉覆盖，裸露在外。

在临近的陕西省，有另一家宋朝窑场位于耀州，但《陶说》中仅一笔带过。据说耀州窑最先制作出平底深碗，这种碗被称为"小海瓯"。这个比喻易于理解，但也留给我们一定的想象空间，它们卧于低处，漂浮于水面，却不立于桌上。

还有一些重要窑场，位于江南古省，霍布森先生暂且将这些窑器称为江南定。收藏家会对江南感到困惑，因为这个名字没有出现在中国近代的任何地图上。在明朝和更早时期，江南是中国的一个省；清朝时期，江南被划分为现在的江苏和安徽两省。为了进一步展开分析，有必要解释一下，宋朝之前，从贵州到临海，位于长江以南和广东以北的地区是一片辽阔的土地，称为江南道。宋朝，这片土地被细分为六路，其中两路保留了江南东和江南西的名称，后者后来被简称为江西。宋时安徽宿州和泗州都有窑场，元明时期安徽宣州也有一家窑场在运作。江苏还有一个"白土村"位于萧县。我们必须参考这些窑来找到江南定。我认为,当定州陶工四散时,他们中的一些人可能到达了一个或多个制瓷中心,尽管大部分人去了景德镇。这也许就是许多江南定瓷器品质优良的原因。下面来介绍一下江南定瓷器的普遍特征。

如果这种假设成立,那么,这些窑场生产的许多器物就会与定窑非常相似。我们看到的许多定窑瓷来自江南窑场,特别是那些不太精致的定瓷,不似大师手笔,却也具备我们已知的许多定瓷特征。

与江南定密切相关的窑器有两类。第一类是大型器物,通常是宽口瓶或碗,有乳白色的“橘皮”釉,为后来的收藏家们所熟知,如插图12图1所示。另一种类型通常出自明朝,但毫无疑问,也有宋朝或元朝制品。釉料质地类似象牙,但有非常细微的裂纹,表面通常有大块的浅褐色,偶尔可见紫色着色。猪皮釉①便由此而来,可见插图22图2的标本。这两类陶瓷有时会装饰整齐的浮雕纹样,但通常是回纹饰或其他几何图案。

在浙江省的象山,似乎有一家窑场在南宋时期生产定窑瓷。我们目前对其产品知之甚少,但文献记载对此窑器大加赞扬,认为其最佳器物莹润光泽,釉面带有蟹爪纹。

上文已列举了众多与定窑紧密相关的窑场,并且证明了这些早期白瓷受到了高度重视。但是,还有其他一些相关窑场可供进一步分析。如果这些窑器的信息正确无误,那么它们与江南瓷器差异极大。然而,其所采用的制瓷技术与已经讨论过的一些山西窑场的技术很相似。

宋元时期,江西省南丰县与吉州都有一些窑场,《陶说》中特别提到吉州窑,事实上,其描述篇幅与钧窑相当。书上说,吉州瓷器颜色与紫定相似,但胎体厚重。宋朝时有五家吉州窑,其中以舒翁之窑为最。他制作的白色和褐色瓷器,开片精美。且舒翁有一女,她在制作炉瓮和功德瓶方面的技艺比其父亲的技艺更加娴熟。据说吉州窑胎体灰白,其上施黑釉或灰白釉。

这家窑场在南宋末年关闭。书上说,当一位宋朝大臣从那经过时,窑里的东西都变成了玉石!窑工们对此惊吓不已,于是逃到了景德镇,在那里他们可以心无旁骛地从事陶瓷贸易。《景德镇陶录》为我们提供了一些关于吉州裂纹的确切信息,这显然是其瓷器的一大特点。书上说,陶工们在釉中使用滑石,裂纹呈流动线状。在修坯之前,他们会用墨水和赭土涂抹使器物变暗。之后,他们把涂层擦掉,发现釉面上有隐隐的线条和红色或黑色着色,如裂开的冰。《景德镇陶录》还提到蓝色彩绘与吉州瓷器的关系,这可能表明早在13世纪中叶吉州窑就已经采用了釉下青花。

最近有几件瓷器从中国运抵伦敦,据说出自直隶省冀州南②的一处窑址。冀州南位于重要城镇保定府以南90英里处,在宋代定窑的制造地定州以南约70英里。宋朝时,那

---

① 这种效果与鸵鸟蛋表层相似。——原注
② 这是现代邮局的拼写方式,今后可能会普遍采用。——原注

里可能有一个不太重要的窑场，制造类似的白瓷。这些瓷器表面莹润而富有光泽，是在白色化妆土上覆盖透明釉而致。其釉面有红色裂纹，不过有几件瓷器上的裂纹是蓝色的。其中一件瓷器如插图24图3所示。这些瓷器被描述为吉州瓷时，收藏家便自然而然进行代入，认为它们是文献中广为人知的江西吉州瓷，因为它们与《陶说》中的描述尤为接近。但是，中国学者进一步分析，证实这种瓷器与江西窑场无关。近期发生的这一事件也说明了学者在研究中存在的困难，强调了在得出准确结论前筛选证据的重要性。

在插图24图2中还有另一个盖碗，它与图3非常相似，但制造地不详。

还必须提到福建的窑场，当我们在第十五章中谈到建窑时，会发现黑釉"兔毫"茶盏与福建省及其乡镇建阳有关。福建也有一些窑场生产白瓷，其中最主要的是德化窑，还有其他一些名气不大的窑场。德化窑的瓷器并不难辨认，这是一种有极好半透明性的白瓷，上面覆盖乳白或奶白色釉，釉料与胎体紧密结合，两者似融为一体。根据《景德镇陶录》，德化窑建于明朝，因此对于任何明朝之前归于德化窑的瓷器必须持高度怀疑的态度。了解这类瓷器很有必要，因为许多早期的福建白瓷与定瓷有一些相似之处。

尤其是在墓葬中发现的殉葬瓷器，这些瓷器釉面有时会开裂，并且可以看到一种类似于土定的白色调。后期的德化瓷器在中国瓷器中名列前茅，17、18世纪的优质德化白瓷器皿和人物像当之无愧地受到收藏家的珍视。即使在德化早期，这种瓷器的高度半透明性也是一个显著特征，有助于将这些福建瓷器与更北边窑场生产的瓷器区分开来。此外，北宋定瓷的胎骨与釉料从未结合得如此细致紧密。

最后是现代的定窑仿制品。由于高品质的宋朝定窑瓷器价格极高，如今那些技艺高超的中国或日本陶工会努力仿造这类瓷器以获取高于现代陶瓷市场的价格。在过去的12个月左右，陶瓷收藏家，特别是早期瓷器的爱好者，一直在为伪造的定瓷"大发雷霆"。这种情况严重到人们对每一件定窑作品都持怀疑态度，而且往往带有偏见。有一些"鸵鸟蛋"釉瓷器让非常有经验的收藏家都不得不承认他们完全被骗过去了；但现代仿制的模印瓷，釉料光滑，分辨难度较小。我见过的这些瓷器图案画得很生硬，而且浮雕过于明显，无法令人满意。如上一章所述，其"泪痕"位于错误的一面，但这一明显的差异无疑很快就会得到纠正。其造型和器足的修整也稍有不妥，碗的弧度太大，或是弧度位置不对，暴露了现代"拉坯工"的制瓷工艺。

这些仿制品只会让收藏家更为热爱，如果因为仿品众多，难辨真假便知难而退，也就称不上热爱了。

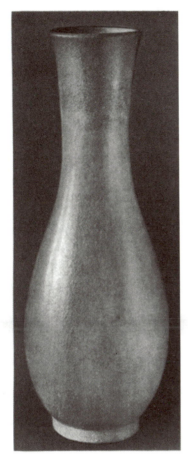 

图1   图2

插图 22

图1   江南定窑：瓷瓶，灰白色胎骨，"橘皮"釉，底部施釉，12—15 世纪，高 $16\frac{3}{8}$ 英寸，J. 贝尔德先生
       藏品。

图2   江南定窑：橄榄瓶，灰白色胎骨，施"鸵鸟蛋"釉，釉面有褐色开片，底部亦施釉，12—15 世纪，
       高 10 英寸，J. 贝尔德先生藏品。

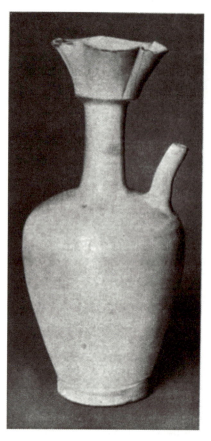

图 1

图 2

插图 23

图 1　定窑类型器：执壶，五瓣壶盖，灰色胎体，釉质乳光晶莹，施釉不到底，高 11 英寸，宋代，S. D.
　　　温克沃斯先生藏品。

图 2　定窑类型器：象耳瓶，双耳各坠一圆环，白色胎体，施乳色裂纹釉，高 8 英寸，宋代，O. 拉斐尔
　　　先生藏品。

图 1　　　　　　　　　　　　　　　　　图 2

图 3

插图 24

图 1　定窑类型器:柳斗碗,灰色胎体,施乳白色釉,其上饰刻竹节棱纹,高 2 $\frac{3}{4}$ 英寸,宋代,O. 拉斐尔先生藏品。

图 2　定窑类型器:盖碗,与图 3 类型极其相似,但裂纹更不明显,呈褐色,口径 5 $\frac{1}{2}$ 英寸,宋代,J. 贝尔德先生藏品。

图 3　定窑类型器:荷叶盖碗,灰色胎体,覆盖白色化妆土,其上施透明釉,釉面有红色裂纹(出自冀州南),口径 5 $\frac{7}{8}$ 英寸,宋代,J. 贝尔德先生藏品。

中国早期陶瓷器物（The Early Ceramic Wares of China）

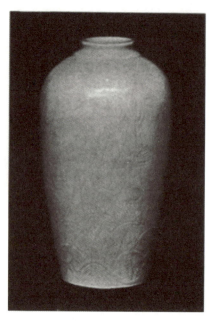

图1

图2

插图 25

图1　定窑类型器：白瓷瓶，施白釉，蚀刻鹤图案，高 5 英寸，明代或更晚，F. N. 席勒先生藏品。

图2　定窑类型器：带盖香炉，虎首浮雕装饰，虎面足，油腻胎骨，施乳白色釉，饰几何图案，高 5 $\frac{1}{2}$

英寸，明代，H. B. 哈里斯先生藏品。

第十二章　龙泉窑及相关青瓷

　　相较于前文提到的大多数早期瓷器,现有关龙泉青瓷的直接参考资料数量要多得多。其中不仅有大量文献,还有许多标本可供研究和欣赏。在许多收藏家看来,所有早期釉料中就数青釉最具艺术感,也最惹人喜爱。青釉色彩细腻,胎质温润,总能吸引人们的目光。尽管用于展示青釉的器型比较简单,但同样赏心悦目。虽然后来也有工匠成功仿制了青釉,但似乎再没人能达到宋朝那种釉料的水准了。

　　龙泉是浙江省西南部的一个小镇,龙泉瓷因此得名。宋朝和元朝的龙泉瓷主要分为三类,且还可以根据颜色和工艺再做细分。虽说宋朝时期制作的龙泉瓷黏土细腻,但胎质厚重,工艺也很难达到南宋时期的水平。《清秘藏》称:"古宋龙泉窑器,土细质厚,色甚葱翠。妙者与官窑争艳,但少纹片、紫骨铁足耳。且极耐磨弄,不易茅篾。第工匠稍拙,制法不甚古雅。有等用白土造器,外涂浊水,翠浅,影露白痕,乃宋人章生所烧,号曰章窑,较龙泉制度,更觉细巧精致。"

　　因此,在章氏制作分类的第二类瓷器之前,龙泉似乎已经有一个或多个窑厂在生产青瓷了。实际上,宋朝时期,青瓷很可能产自龙泉之外的其他地方。河南窑场也生产过这类器物。但无论如何,目前可以清楚了解到,中国北方曾有窑场生产类似的瓷器。

　　第二类龙泉瓷产自章氏陶工创办的窑场。据夏德博士[1]介绍,南宋(1127—1279)时期,处州(今浙江丽水)有对章氏兄弟,在一个名为琉田的地方开设了窑场。窑场离龙泉大约20英里,出产各种瓷器。哥哥制作的瓷器称为"哥瓷"(中文表示"哥哥"),但首先需关注弟瓷;因为不只是欧洲,甚至中国和日本鉴赏家都高度赞誉弟弟和他手下工匠制作的标本。

　　弟窑以薄瓷闻名,其釉如美玉。弟窑瓷标本数量稀少,在英国十分罕见。经过了八九百年的兴衰荣枯,只有少数作品得以保留,这并不奇怪。毫无疑问,任何现存的标本都是中国和日本陶瓷爱好者的珍藏。但是,还有一些出土于古窑址的"废品",被运往伦敦成为研究弟窑瓷的直接材料,供我们参考。此外,项元汴《历代名瓷图谱》中还有各种各样的标本插图,也可以作为书面资料进行参考。

　　插图26图2为"废品"之一。一个带盖香盒,胎体轻薄,灯光下十分透亮;釉色浅灰,釉质上乘。香盒底部有大量裂痕,为烧制时产生,很明显这也是其被废弃的原因。

---

　　[1]《中国古代瓷器》,F. 夏德。——原注

弟窑薄瓷标本稀少,幸运的是,虽然品质最上乘的弟窑瓷价格昂贵且在英国并不常见,但还有许多厚重的弟窑标本。在讨论釉色和装饰常用的图案之前,我们首先得了解其胎体的一些特点,因为这些特点是此类瓷器的共同特征。

如果我们仔细观察其烧制产生的裂纹,会发现胎骨呈白色或石灰色。釉层较薄时,可以透过釉料看到白色胎骨。如未上釉,直接入窑烧制,胎体便为红色;有时是明亮的砖红色,有时是暗淡的红褐色。之所以会呈现红色,是因为黏土中含有铁元素,在烧制过程中发生氧化,铁含量的不同无疑会带来颜色的差异。此外,窑内不同位置的氧化气氛程度不一,故胎体红色深浅各不相同。如红色不够浓艳,那么足部会呈泥灰色,这是其一大特点。但纸上得来终觉浅,要是能亲眼看到一些典型的标本,辨别龙泉瓷可能就不是件难事了。

宋朝标本的釉色多种多样,从淡蓝色到绿色再到灰色。从艺术的角度来看,最受欢迎的颜色可能是像玉一样的绿色,而这正是弟窑努力想要实现的釉色。但无论釉料呈现何种色调,其质地都十分柔软,缺乏后来产品所特有的玻璃感。

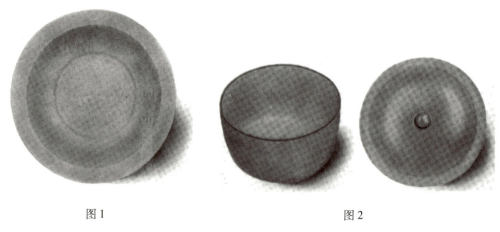

图 1   图 2

插图 26

图 1　龙泉窑:小号深碟,胎体厚实,石灰色,火石红圈足,底部施釉,青釉,内底刻有鱼形纹饰,口径 5 英寸,宋代,F. N. 席勒先生藏品。

图 2　龙泉窑:带盖香盒,胎体轻薄,石灰色,红褐色圈足,底部施釉,釉色浅灰,$2\frac{3}{4} \times 3\frac{1}{4}$ 英寸,宋朝(窑址废品),作者藏品。

从商品价值来看,蓝色最受欢迎,蓝色无疑是先在釉料中添加微量钴,然后上釉烧制而产生的;绿色无疑是通过在釉料中添加含铁黏土,然后上釉产生的。胎骨本身含有铁(在窑中加热会变成红色,可以证明这一点),可能有助于产生绿色。釉料要与胎体同时烧制,否则就无法透过釉料看到白色胎体。

龙泉青瓷标本非常珍贵,在日本被称为"Kinuta seiji"。"Kinuta"是木槌的意思,龙泉青瓷最受欢迎的器型就是槌瓶,如插图 27 图 1 所示。日本一个知名瓷瓶便为该器型,因此产生了通用名"砧青瓶（Kinuta）"，用于指代所有此类瓷器。

这种瓷器种类繁多，包括盘、碟、各种瓶、碗，以及书桌上的一些文具，如笔架、水注等，有时会是动物造型。

装饰工艺大致可分为四类。此外，还有一些标本仅以釉料和器型体现美感，这些标本的釉面或许会开片，但这种开片与人为开片不同，大多表面光滑平整（插图28图2）。

我们需要注意的第一类装饰工艺，是先用尖细的锥状工具在胎体上进行雕刻或蚀刻，然后施釉。由于釉料轻薄透光，所以装饰图案清晰可见。插图26图1中的这件精美标本便采用此工艺。而且，标本上的蓝色尤为珍贵。第二类装饰工艺则是浮雕装饰，先将黏土压入模印中成型，然后再施釉。插图27图2所示瓷瓶就很具代表性。在笔洗中，这类装饰工艺也十分常见。在笔洗底部印上一两只高浮雕小鱼，再施上釉，看起来鱼儿仿佛在水中游动。此外，还可以用浅浮雕进行装饰，以达到釉下露白色纹样的效果。这需要在白色胎体上装饰浮雕，且浮雕需要非常贴近透明的青瓷釉面。

第三类装饰工艺则基于胎体在窑中受热之后，会变成红褐色的特性。这类装饰工艺使用凹模，浮雕处不上釉，烧制后呈红褐色，与周围的釉形成对比，更显突出。插图30图2就是此类标本。

第四类装饰工艺与所用材料性质有关，最终效果存在偶然性。由于各类缺陷，如上釉不均，局部铁元素过多，或氧化气氛不同，会形成褐色斑块。章氏窑场充分利用了这一偶然因素，并鼓励在釉面上创造这种色彩突出的斑块。日本人将这种带斑块的青瓷称为"飞青瓷（Tobi seiji）"，其价值极高且在欧洲很罕见。

通过文字记载和从龙泉窑遗址获得的标本，我们研究了弟窑存在的时间。如果需要进一步证明弟窑起源于宋朝，可以参考纽约大都会艺术博物馆波世·莱兹先生编辑的目录①，以及罗斯·西克勒·威廉姆斯女士对宋朝瓷器的翔实描述，这些资料都可以提供更多的证据。

这里提到的两个标本，与之前提到的一些标本具有相同特征。这两个标本是从波斯的拉格斯遗址中挖掘出来的，而该遗址毁于1256年。

一提到波斯，我们就会想到青瓷的传播。有人认为，青瓷（celadon）这个名字来自17世纪奥诺雷·杜尔菲（Honoré d'Urfé）的小说《阿斯特蕾》（L'Astrée）中的一个角色——牧羊人塞拉顿（Céladon）。他的灰绿色装束当时非常出名，以至于塞拉顿成了绿色色调中的一种颜色。但最近又提出了另一种说法，认为这个名字源于萨拉丁（Saladin），他于1171年将40件瓷器送给了大马士革（Damascus）的努尔丁（Nur-ed-din）。在波斯国家，这种青瓷被称为马塔班尼瓷器（Martabani），这个名字起源于马达班湾（Gulf of Martaban）。

---

① 《中国早期陶器与雕刻展览图录》。——原注

马达班湾位于缅甸南部海岸,重要的海港毛淡棉(Moulmein)就坐落于此。毛淡棉位于萨尔温江(Salween River)出海口,其上游水域位于云南。这些青瓷有可能是通过公路和河流运输到达毛淡棉,更可能是经厦门的一处港口从海上运来。事实证明,青瓷贸易分布广泛。在爪哇岛、苏门答腊岛、菲律宾、婆罗洲、印度①、波斯、阿拉伯、埃及和桑给巴尔(Zanzibar)等远离原产地的地区都发现了青瓷标本。君士坦丁堡(Constantinople)的皇家收藏中还保存着中世纪的标本;而在英格兰,我们有证据表明,早在1530年,华尔哈姆大主教(Archbishop Warham)曾将一件珍贵的青瓷碗遗赠给英国牛津大学,这表明青瓷早在那时便已存在。

这种遍及各地的贸易活动以大型器物为主,通常是大盘和大碟,它们即使遭受野蛮装卸,也不容易损毁。相比之下,那些更加精致的瓷器可经受不住中世纪的运输环境,同时本土买家又总是过分在意瓷器的艺术价值,不肯让外国人大批量购入。本地买家还存在一种迷信,认为青瓷碟可以防毒,这也可能是他们保存青瓷的另一个原因。

前文中,我们花了一些时间来介绍产自宋元时期的弟窑器。下文会列举后期其他延续弟窑传统的窑口中心的瓷器特点,但在此之前,我们有必要了解第三类瓷器——哥瓷。"哥"的意思是"哥哥",哥窑指的是章氏兄弟中哥哥制作的陶瓷。一些传统说法和文献称,章氏兄弟中的哥哥也是一名陶工,且曾在龙泉开设过一家窑场。遗憾的是,和他弟弟不同,我们没有发现任何权威的哥窑标本可以佐证他的制瓷技艺。

哥窑通常不与龙泉窑归为同一类,虽然大多数归为哥窑的瓷器与龙泉窑的瓷器出入很大,但我们不能忽视这些间接的证据,因为它们也许能证明两者之间存在类似的起源。因此,本章会对哥窑进行介绍。

中国典籍中关于哥窑瓷特点的记载存在相当大的分歧:一种记载哥窑瓷釉色为绿色,而另一种称其接近白色;但普遍认为,哥窑瓷釉面上的裂纹是有意为之的。我们已经发现,弟瓷并无裂纹,或许有时会意外开裂;而哥窑瓷则有一个明显的特征,即其厚实的釉面上呈现出"冰裂纹"。这一特征非常与众不同,以至于18世纪只要是有裂纹的瓷器——尤其是白色裂纹瓷——都被泛称为哥窑瓷。之所以提及这些,是因为我们缺少那个时代的标本,因此需要参考一些后期的仿古瓷。然而,记载原哥窑瓷的典籍通常称其釉面裂纹密布,如"鱼子"一样,有"冰裂纹"。但在18世纪的标本上,其釉面裂纹间隔很大。

如果哥窑和弟窑所用黏土出自同地,那么我们有理由相信这两种瓷器的胎体相似,其呈现的红色是铁氧化造成的。这样说来,我们就可以把那些有人造裂纹的龙泉窑瓷标本归为哥窑瓷。对于收藏了带有裂纹的标本,且标本又明显源于龙泉的人来说,这个说法令人欣慰。由于缺少实质性证据,公认的权威们都态度谨慎,只能暂时进行分类。但对于那些持乐观态度的人,以及那些只是把这些理论当猜想随便听听、并没有当真的人来说,也许会

---

① 在印度,这种瓷器被称为格里(ghori)瓷器。——原注

高高兴兴地掏出一件早期的龙泉窑青瓷,看着胎骨上面的裂纹,说这就是件哥窑真品。

此外,通常被归为哥窑的标本与龙泉窑标本存在很大差异。霍布森先生在《中国陶瓷》第 1 卷插图第 19 页中给出了一件极好的宋朝标本,他将此标本归为哥窑瓷,并附上了彩色图片:该瓶属于那位对本书做出过特别奉献且极具鉴赏力的收藏家——G.尤摩弗帕勒斯。该瓶呈椭圆形,红褐色胎体,釉色为鸽羽灰,釉面光滑如大理石,上面还布有宽裂纹。在我看来,其外观更像是官窑而非哥窑。这只瓷瓶具有宋廷御瓷的特点,与项元汴《历代名瓷图谱》里的几件标本相似。另外,其胎骨呈红褐色,我们从第八章中可知,红褐色是南宋时期杭州官窑的一大特点。

此外,还有其他标本也有相同的红褐色胎体和明显裂纹,如插图 29 所示的小花瓶。如果说这些具有红褐色胎体的标本实际上是出自哥窑,那么这些标本使用的黏土一定和位于龙泉的弟窑使用的黏土完全不同。《博物要览》中记载的两件瓷器证明了官窑和哥窑非常相似:"官窑质之隐纹如蟹爪,哥窑质之隐纹如鱼子,但汁釉不如官窑。"若非两者十分相似,这本 17 世纪早期的书也不会在引用的段落中对它们进行对比。

值得注意的是,在了解宋朝之后的青瓷以及与龙泉青瓷相关的瓷器之前,我们须知"龙泉窑"这个词通常指的是青瓷这一类瓷器,甚至可能是"青瓷"的同义词。在本章和下一章中,"龙泉窑"仅指宋元年间在龙泉制作的瓷器。

图 1   图 2

插图 27

图 1   龙泉窑:槌形瓶,鱼耳,胎体厚实,石灰色,火石红圈足,底部施釉,青瓷绿釉,高 10 $\frac{1}{2}$ 英寸,宋代(窑址废品),J. 伯德先生藏品。

图 2   龙泉窑:切口瓶,胎体厚实,石灰色,火石红圈足,底部施釉,青瓷绿釉,釉下浮雕花卉图案,高 6 英寸,宋代(窑址废品),J. 伯德先生藏品。

图 1

图 2

插图 28

图 1　马尔塔班瓷盘，胎体厚实，火石红圈足，底部施釉，青瓷绿釉，装饰神龙戏珠浮雕纹样，盘边有刻花图案，口径 $14\frac{1}{2}$ 英寸，宋代或元代，H. B. 哈里斯先生藏品。

图 2　龙泉窑：环耳瓶，胎体厚实，石灰色，火红褐色圈足，底部施釉，青釉，高 $8\frac{1}{4}$ 英寸，宋代（窑址废品），H. B. 哈里斯先生藏品。

图 1   图 2

插图 29

图 1　哥窑类型器:小瓷瓶,红褐色胎体,黄灰色釉,带紫色裂纹,高 5 英寸,宋代,G. 尤摩弗帕勒斯先生藏品。

图 2　龙泉类型或哥窑瓷:三足器,青铜器型,石灰色胎体,火石红足底,内部无釉部分为红色,青瓷绿釉,有裂纹,高 $4\frac{1}{2}$ 英寸,可能来自宋代,作者藏品。

第十三章　龙泉窑及相关青瓷（续）

宋元时期的龙泉窑可能没有实质性的区别。毫无疑问，厚重的马尔塔班瓷器很适合商贸。合理猜测是整个帝国内贸易中心的数量不断增长，带动了这种既结实耐用又具装饰性的青瓷的产量增加。此外，许多在中国境外发现的青瓷标本都可追溯到元朝。

以上猜测均基于推测，但可以肯定的是，明朝建立之初，龙泉窑从龙泉迁往距离该地约 70 英里①的滁州。尽管这些窑场仍继续生产瓷器，且胎体黏土仍为白色，入窑烧制则变为红色，但其产品更为粗糙，无法达到宋朝时期的水准。此外，《陶说》有谓："哥窑在元末新烧，土脉粗燥，色亦不好。"根据夏德博士的说法，当地普遍认为明朝末期滁州停产青瓷。

我们必须试着通过这些数据，对相隔甚远的不同国家中发现的各类厚重青瓷进行分门别类。青瓷盘和青瓷碟即使外底上釉，通常还是会留下一个未上釉的红褐色圈足。这些陶瓷究竟出自宋朝、元朝还是明朝，这或许是中国陶瓷所面临的最棘手的问题，也极难下定论。我们能做的就是尽量找出可能存在的差异，并明白即使是那些能说明本质区别的差异，同样也没有一个明确的界定。

对于那些釉料质感如玻璃、釉色青绿浑浊的标本，普遍认为产自明朝，而那些色彩鲜亮、釉色深邃的瓷器就很难确定时代了。其中许多也可能是明朝滁州所产瓷器，但要是其装饰图案精美，制作工艺上佳，如插图 28 图 1 所示，那么它到底产自宋朝还是元朝，就会存在很大争议。这种情况下只能依靠自己的判断，我认为这类青瓷大部分产自元朝。

我们再来看看与龙泉瓷有关的其他瓷器。

首先是浙江的其他窑场。离龙泉不远的金村和丽水都曾生产过类似的青瓷，但据中国文献记载，其青瓷次等。尽管宋元时期这些窑场都在运作，但就目前所能确定的情况来看，后期已不复存在。毫无疑问，一些不太出名的明朝之前的标本就出自这些地方，由于时间跨度较大，且缺乏窑址证据，因此我们无法确定这些瓷器的来源。

河南制瓷中心还有一些更重要的窑场，很可能也生产过青瓷。如果浙江陶工曾以青瓷牟利，那河南陶工肯定也做过类似的事。宋元时期，河南省至少有七处重要的陶瓷生产中心。它们中有些生产自己的知名特色瓷，这可能导致这些窑场只关注自身特色，反而是一些不太知名的地区，生产时更注重包容性，极可能产出优质青瓷。其中就包括一

---

① 此处数据有误，应为约 700 公里，即约 435 英里。——译者注

些紧邻开封府的窑场,如陈留镇。《格古要论》①提到北宋都城开封府附近的一类瓷器"淡青色,细纹多,亦有紫口铁足",显然为青瓷。很多与龙泉瓷釉料和胎体不同,但做工美感上却相似的标本,可能都产自河南。插图 30 图 1 就是河南青瓷标本。

《考槃余事》②记载:"冬青瓷壶,器型如菊,菊瓣间立一圈足卵形器。""tung ch'ing"在口语中表示"东青"或"冬青",虽读音相同,但写法不同。显然,"东"和"冬"常易混淆,在本章中或许亦是如此,这似乎又为青瓷产自东部首都开封府及其邻近地区的理论提供了佐证。

另一个青瓷生产中心是广东省。广州周边的一些窑场生产的青瓷与龙泉生产的青瓷没什么不同,似乎是与龙泉、滁州同时生产的。这些窑场以人物像为特色,如观音菩萨像。

人物和服装覆以青釉,但面部不施釉。因此,未受到釉料保护的素烧坯③呈现出深褐色,从而导致人物面部黝黑。龙泉也生产人像,但脸部更红且色泽更浅。无论造型还是釉料,广州青瓷都明显次于龙泉青瓷。

下一组相关的瓷器可以大致称为"中国北方人"制作的瓷器。对于收藏中国陶瓷的人来说,如果遇到一件拿不准的宋朝青瓷,"不确定,就说是中国北方人制作的"是一个不错的选择,就像玩惠斯特纸牌不知道出什么牌时,也有类似的说法。结果也差不多,因为不太可能会错!

如果我们看看中国地图,就会发现中国北方有陕西、山西、直隶和山东省。从广义上说,在 1852 年④黄河改道前,黄河以北的地方都属于北方。在宋朝,这些省份有许多家窑场在生产瓷器,尽管从文字记载来看,它们中大多数都不产青瓷,但是,正如河南的一些窑场可能通过生产青瓷来提高利润一样,更北的一些窑场很可能也发现青瓷需求量大,从而调整供应量。

中国北方生产的瓷器通常是深绿色或绿褐色碗盘,比起龙泉瓷,其釉料更具玻璃质感,但不及典型的明朝青瓷透亮。北方生产的瓷器许多都装饰着精美的花卉图案,既有浮雕也有划花;还有一些会在施釉前在胎骨上划出云彩或波浪效果当作背景来提升美感。插图 31 图 2 就是一件很好的标本。

还有少量类似的瓷器会采用划花工艺,以花卉图案进行装饰,并施以绿色不透明釉,如插图 31 所示。这些瓷盘可能出自另一家窑场,但亦属"中国北方"青瓷;这种釉之所以不透光,可能是由于工艺上的一些缺陷,产生了浮沫,导致釉料变得浑浊。

---

① 引用于《陶说》,第 2 卷。——原注
② 出处同上,第 5 卷。——原注
③ 施釉前的胎骨,或不施釉的胎骨,称为"素烧坯"。——原注
④ 此处时间有误,应为 1855 年。——译者注

之所以说这些瓷器产自北方，其中一个主要原因可能是其质地与高丽瓷器相似。虽然北方瓷器上没有典型的高丽式利坯痕迹，圈足上也未留下"支痕"或细小沙砾，但如果加上以上特点，那它们之间差别很小，甚至可以说没有什么差别。毫无疑问，大部分高丽陶工都来自中国，因此他们遵循了宋朝的创作风格，制瓷时也以中国元素和器型为基础。因此，除了制作工艺之外，我们很难区分二者，我们不得不将这些瓷器笼统地称为"北方瓷器"。因为没有窑址证据，就无法对其进行更精细的分类。

在讨论青瓷时，还需特别关注宋卡洛（Sawankalok）瓷器。早在宋朝或更早之前，中国陶工就在宋卡洛声名大噪。宋卡洛位于暹罗（泰国古称），坐落在曼谷以北约200英里处，通过窑址中出土的残片，我们对宋卡洛地区生产的瓷器有了很多了解。大英博物馆、维多利亚与艾尔伯特博物馆都收藏有宋卡洛地区代表性的瓷器作品。宋卡洛瓷器以粗糙、厚重的灰白色黏土制成，底部呈红色。这些器皿主要为碗和瓶，烧制时似乎以圆锥形短柱进行支撑，因此，底部常见小圆环，但也不尽然。圆锥形短柱高度各有不同，可支撑瓶子等各类器物，以免入窑烧制时接触到窑中的烟灰。①

与龙泉釉不同，这种釉薄而水润，颜色从淡绿色到淡青绿色不等。②

在结束对早期青瓷的介绍之前，必须先看看中国和日本后期的仿制品。在明朝和清朝时期，景德镇大量生产青瓷，我们也有理由相信，景德镇早在明朝之前就开始尝试制作青瓷了；虽然与浙江窑场相隔不远，但那时很难与浙江青瓷相比。

18世纪，当景德镇在陶瓷市场占据主导地位时，其同时生产优质裂纹青瓷与无裂纹青瓷，但想要将这些青瓷与最初的宋元青瓷区分开来，其实非常简单。虽然后来生产的青瓷通常会在圈足涂上一层褐色含铁黏土，但是不难发现其胎体致密，呈白色，此种釉色来自其中添加的微量钴。因此，在大多数标本中，蓝色色调更为突出。与龙泉青瓷相同，景德镇青瓷在上釉前似乎添加了铁，或许还混合了少量钴，最后才呈现此釉色。景德镇青瓷的釉料更具玻璃质感，不似龙泉青瓷般柔和、半透明。18世纪生产的景德镇青瓷与龙泉青瓷，美得各有千秋。

日本的仿制品更难辨别。其瓷器底部通常呈现自然的红色，为了更好地模仿铁足，陶工使用了含铁黏土。日本陶工非常成功地复制了龙泉釉的特点，只有真正的行家才能只看釉料就分清真货假货。不用说，那些最受大众喜欢的器型，如砧青瓶，仿制品数量众多。现代优秀的作品是陶工艺术的结晶，只要不将购买一件12世纪的器物的钱花在一件20世纪的器物上，其收藏就会升值。

---

① 关于这些窑场的介绍，可见《人类学会杂志》（Journal of the Anthropological Institute）1903年第33期 T. H. 莱尔（T. H. Lyle）所写文章。——原注

② 此外，宋卡洛瓷器还有褐色和紫色釉。——原注

图1

图2

插图30

图1　河南青瓷：带盖盒，胎体厚实，青灰色，露胎处不呈现红色，施黄绿色釉，底部未施釉，盖上微刻有花卉纹饰，直径 $2\frac{7}{8}$ 英寸，宋代，作者藏品。

图2　滁州窑：开光人物浮雕浅杯，胎体厚实，灰色，施青釉，开光人物浮雕装饰，人物不施釉为火石红，内壁装饰釉下吉祥图案浮雕，高 $5\frac{1}{4}$ 英寸，明代，H. J. 奥本海姆先生藏品。

图1

图2

插图31

图1　"中国北方"碗，灰色胎体，不透明灰绿色釉，蚀刻花纹装饰，碗口直径 $7\frac{1}{4}$ 英寸，宋代，S. D. 温克沃斯先生藏品。

图2　"中国北方"碗，灰色胎体，透明橄榄绿釉，蚀刻花纹装饰，花纹周边环绕波纹图案，碗口直径 $5\frac{1}{2}$ 英寸，宋代，亚历山大姐妹藏品。

第十四章 磁州窑

磁州窑没有包含在定窑相关章节中，因为其自身便是一种著名且重要的类别。大多数早期陶瓷收藏家都有一件或多件磁州窑瓷器，国家博物馆亦有一系列精美的磁州窑瓷器。磁州窑和定窑在许多方面都十分相似；即使非同源，亦属同宗。在第十章中，我们已经讨论了区分定窑和磁州窑瓷器时，可能存在的一些易混淆之处。

磁州隶属直隶省，以前位于河南省。磁州中的"磁"通陶瓷中的"瓷"，因此称之为"瓷镇"再恰当不过。这里仍在生产陶瓷，自隋朝以来一直是陶瓷中心。事实上，中国没有任何其他一个地方从事过如此持久的陶瓷制造业。

尽管该地从事陶瓷制作时间之久值得赞扬，但磁州窑场生产的瓷器并未在中国享有最高声誉。《陶说》引用《格古要论》称，"好者与定器相似，但无'泪痕'"。磁州窑生产的瓷器有的以雕刻装饰，有的以绘画装饰，也有素瓷。这些瓷器都可以追溯到元朝，但是均不受重视。

项元汴的《历代名瓷图谱》中并未收录磁州窑瓷器，而且很明显，在中国人看来，这种瓷器难登大雅之堂，不适于收藏，而更适合家庭使用。但是，就像钧窑一样，后来的鉴赏家对造型高贵、具有较高艺术水平的早期磁州窑瓷器给予了高度重视。

除了和定瓷相似外，当今的收藏家将面临的主要难题是，如何确定哪些磁州窑瓷器源自宋元时期，哪些产自宋元之后。磁州窑窑场的传统几乎未发生过变化，因此很难确定哪些瓷器产自宋朝，哪些产自明朝甚至更晚的朝代。尽管如前所述，该陶瓷中心在宋朝之前就已存在，但宋朝之前其生产的瓷器极可能质地粗糙，且在现存瓷器中可能不太常见，因为当时的产出规模相对较小。

磁州窑胎体坚硬，纹理稍粗，颜色通常为灰白色；有时胎骨呈淡黄色，少见红胎。如下文所述，蓝青釉下彩绘的陶瓷，实为磁州窑瓷器。

其施釉技术与第六章中所述类似：涂一层白色化妆土，再覆盖一层透明釉。其他工艺也会采用，有必要详细介绍其主要类型。

这类瓷器最常见的是形状各异的大型重制花瓶，通体施白釉，绘黑色或深褐色图案。这些图案通常为花卉和绕瓶弦纹，插图32中展示了一件此类的精美标本。有时候简单的场景也是以类似方式绘制，瓶身上绘有一个或多个人物，周边环绕卷轴纹。这些瓷器可能源自明朝，现存的此类瓷器上都标有明朝款识。虽然无法下定论，但聪明的收藏家会将这类瓷器归为宋朝之后。总之，这是一些最有经验的鉴赏家的观点。

除了花瓶和大碗外,瓷枕也常以此种方式装饰。在现实生活中,除了用作寝具,瓷枕这种坚硬又冰凉的器物也有其优点。我旅居东方时,就发现中国木枕比欧洲软枕在32摄氏度(90华氏度)以上的高温中更具优势。

罗汉、观音和各种名人雕像很常见,其中大多数,或者多数都产自后来的磁州窑。宋朝瓷器造型精细而大方,白色釉面上有黑色、褐色或红色,色泽协调。明清时期的瓷器,用色粗糙,造型粗犷,缺乏艺术气息。事实上,市场上有相当一部分的人物雕像,几乎没有装饰价值。

白色釉面上绘制黑色或褐色人物并非绘画装饰的唯一形式。也有带宋朝工艺标志,装饰大胆的红绿花卉图案的瓷器,插图37图2就是个很好的例子。有人认为,此类瓷器属于宋朝晚期作品,或是后来在宋朝标本上增加了红绿彩装饰;但现在人们普遍承认,这些瓷器都产自宋朝。

在介绍磁州窑的下一个装饰类别,即蚀刻或刻花之前,必须提到另一种彩绘瓷,其所属年代和出处尚不确定。

一般来说,一些透明蓝釉或绿釉下绘黑彩装饰的标本已明确界定属磁州窑。这些瓷器胎体略带红色,图案为人物或花卉树叶,排列紧密。此类瓷器胎骨不同于寻常磁州窑瓷器,无疑需根据其绘画装饰工艺来确定出处。后来的考证或许会改变现有看法,将这类瓷器归入其他窑场。在这方面,要重点注意劳费尔先生[1]对山东卫县宋墓出土的一件小碟的描述,称其带有"美丽的暗青绿色裂纹釉",且其所用黏土比在同一地点发现的其他瓷器所使用的黏土更精细,碟内底部有黑彩装饰。该标本和此处讨论的瓷器种类极其相似。

这类器物通常为橄榄瓶或柱状瓶,但也有其他造型,如带盖盒子,插图36所示为蓝釉釉下黑彩盒和绿釉釉下黑彩花瓶。这些瓷器的确切制作时期存疑,大部分可能出自明朝。毫无疑问,有几件可能源自更早时期。但无论如何,这些器物都值得珍藏。

磁州陶工显然大量使用了雕刻工具,因为下一种装饰效果来自釉料和蚀刻工艺的结合。最常见的方法是在胎体上覆盖白色化妆土,剔除纹样之外的化妆土,形成浅浮雕效果;然后通体覆盖一层透明釉,使突出的白色浮雕纹饰与覆盖着釉层的灰色胎体形成对比。比起口头描述,插图33、34上的瓷器可以更为直观地展示该工艺。还有另一种技艺,在花瓶上覆盖一层厚厚的深褐色釉料,不施化妆土,剔除地色,装饰与浅黄色胎体形成鲜明对比,再直接露胎烧成,插图33图1展示了此种效果。

还有一种不太常见的方法是,用雕刻工具将纹样处白色化妆土上的褐釉或黑釉剔去,但不能刮到瓶身胎体,从而在褐色或黑色背景上呈现出白色纹饰。

---

[1]《汉代陶瓷器论考》,附录二,第316页。——原注

磁州陶工在雕刻时都采用这三种工艺,或将其中不同工艺进行结合。通过变化和替换不同颜色的化妆土或其他色调的透明釉料,或剔除更多的化妆土,增加露胎程度等,确保多样化的效果。此外,有时在同一个花瓶上使用多种颜色的化妆土,可以形成玛瑙般的外观,但是这种工艺最常出现在不使用雕刻工艺的标本中。

　　可以发现,磁州陶工采用了相当多的技法,如果收藏家希望获得有代表性的磁州窑瓷器,他将需要有相当大的空间来摆放他的藏品,尤其是通常作为装饰的花瓶体积庞大,而小件瓷器较难找到。

　　磁州窑的单色瓷器还有待介绍,我将在最后进行讲解,因为它在某些方面与建窑及其相关瓷器存在联系,乃是下章的主题。

　　关于早期瓷器的书籍中很少提到磁州窑口的彩釉或单色釉,然而在英国存有相当多的磁州窑早期标本。直到最近,人们才对这类瓷器产生了很大的兴趣,这也解释了为什么过去对这类瓷器的讨论很少,且关于磁州窑瓷器的描述也很稀缺。

　　这些乳白色瓷器与第十一章中讨论的定窑相关瓷器非常相似,即使能区分,也困难很大,也许很多更粗糙的定窑瓷器应归类为磁州窑。

　　但是,深褐、蓝黑和黑釉瓶、碗这一大类可归为磁州窑。其釉面厚度不一,有些釉层较薄,有些则较厚,在未到瓷器底部处形成波浪状或滴状。这种釉料通常如同优质的黑糖浆般黏腻,这一点从它在胎体上的缓慢流动便可看出。这些瓷器没有覆盖白色化妆土,而是直接将黑色釉水倾倒于浅黄色胎体之上。有时黑釉上会出现褐色条纹,让人联想到后面描述的建窑;但这种“兔毫釉”斑纹只是雏形,还未发展到如我们在后期瓷器上观察到的程度。插图35的两件标本展示了这种黑釉。

　　磁州制陶工人显然已学会调节这种褐色兔毫斑,这一斑纹可能是铁元素造成的,因为已知的瓷器标本通过在黑釉中使用铁锈棕来描绘粗糙的花卉图案。蓝黑釉不常见,但在典型的磁州窑中可以找到这样的瓷器,釉色明亮,非常深的蓝色调使黑釉具有美丽的光泽。

　　就釉料而言,磁州窑系列的分支,即带有兔毫斑的黑釉瓷,与下一章归类为河南瓷的某些瓷器非常相似;但后者的胎体有所不同,这为两者提供了分界线。阳光下干燥的海岸沙和潮湿的海岸沙可以恰如其分地表示出河南胎与磁州胎的差异。

　　显然,磁州窑业务广泛,可能还承接家族瓷订单。我见过一件窄颈瓷罐,施黑釉,釉层肥厚,其上点缀紫蓝色釉斑,釉面在罐身四分之三处形成一条平行线;罐身余下部分和底部未施釉,为浅黄色胎体。瓶肩两侧上有四个汉字,透过釉层刻至胎体,但字迹难辨。原因是烧制过程中,釉面略微塌陷。后期这些汉字并未被切除,经破译后,铭文上写着“茶酒敬徐”。这件瓷器可能是为徐氏家族制作的一套瓷器之一,也可能是一件送给徐氏代表祝愿的寻常礼物。

　　收藏家不必担心那些出自磁州窑之外的仿制品和伪造品。毫无疑问,该镇仍然是一个繁荣的陶业中心,这些瓷器是按照古老的线条设计的,其原理与仿制名瓷的韦奇伍德先生以及其他伟大的英国陶艺家所遵循的原理基本相同。然而,与后者不同的是,中国陶艺家未添加区分标记,因此收藏家必须有自己辨别的能力。在区分宋朝、元朝、明朝、清朝以及民国时期的磁州窑时,可能比区分其他任何中国瓷器都要困难。世界上也许没有其他制瓷中心连续生产超过 1300 年,如果磁州窑确实源自隋朝,那么磁州便是这一中心。

插图 32

磁州窑:白釉黑彩花绘瓷瓶,灰色炻器,高 $22\frac{1}{2}$ 英寸,宋代,F. N. 席勒先生藏品。

图 1   图 2

插图 33

图 1   磁州窑:褐釉刻花梅瓶,腹椭圆,灰色炻器,施褐釉,釉层肥厚,其上刻花卉,高 $11\frac{1}{2}$ 英寸,宋代,S. D. 温克沃斯先生藏品。

图 2   磁州窑:刻花酒壶,深灰色炻器,施白色化妆土,壶身蚀刻花卉,表层施透明釉,高 7 英寸,宋代,H. B. 哈里斯先生藏品。

图 1   图 2

插图 34

图 1   磁州窑:刻花瓷盘,灰色炻器,覆白色化妆土,剔除图案处白色化妆土,蚀刻几何花卉图案,表层施透明釉,口径为 $7\frac{1}{2}$ 英寸,宋代,S. D. 温克沃斯先生藏品。

图 2   磁州窑:花卉瓷枕,红灰色炻器,剔除白色化妆土以凸显花卉纹饰,表层施透明釉,$8\frac{1}{2}$ 英寸 $\times 6\frac{3}{4}$ 英寸 $\times 4$ 英寸,宋代,S. D. 温克沃斯先生藏品。

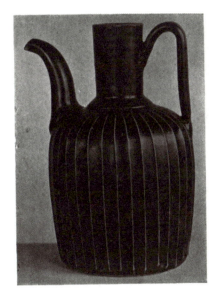

图1   图2

插图 35

图1   磁州窑：黑釉花口瓶，花口，灰色炻器，施黑釉，釉色明亮有光泽，高 $6\frac{1}{2}$ 英寸，宋代，G.尤摩弗帕勒斯先生藏品。

图2   磁州窑：褐釉酒壶，灰色炻器，施深褐色釉，高 9 英寸，宋代，本森系列藏品。

图1   图2

插图 36

图1   磁州窑类型器：蓝釉釉下黑彩盖盒，浅红胎体，绘黑彩图案，表层施透明蓝釉，直径 6 英寸，明代，G.尤摩弗帕勒斯先生藏品。

图2   磁州窑类型器：绿釉釉下花卉瓶，浅红色炻器，透过化妆土在素坯上刻画花绘纹饰，表层施透明绿釉，高 $12\frac{1}{4}$ 英寸，宋代或明代，G.尤摩弗帕勒斯先生藏品。

图 1　　　　　　　　　　　　　　　　　图 2

图 3

插图 37

图 1　磁州窑：白釉黑彩野兔盘，灰色炻器，黑彩野兔，施白釉，口径 $10\frac{3}{4}$ 英寸，宋代，S. D. 温克沃斯先生藏品。

图 2　磁州窑：红绿彩花卉纹盘，灰白色胎骨，红绿彩花卉装饰，口径 $8\frac{3}{4}$ 英寸，明代，O. 拉斐尔先生藏品。

图 3　磁州窑：四系蛋形瓶，四个扁环形系用来系绳，灰色炻器，瓶身上部施白色化妆土及透明釉，绘人物图案，下部施褐黑色釉，高 $8\frac{1}{4}$ 英寸，宋代，S. D. 温克沃斯先生藏品。

第十五章　建窑及相关器物

现在要讨论的是数量庞大且重要的一类瓷器,迄今为止还未受到足够重视。近年来从中国流入的这类藏品数量相当可观,收藏者可轻易见到其代表性器物。虽然此类瓷器不属于宋朝顶尖艺术形式,但其中的碗、杯具有极大吸引力,也是其主要组成部分。

建窑因其最初产地而得名,即福建省建安县。德化亦位于福建省,生产著名白瓷,其白瓷的颜色和透明度均类似牛奶果冻。

该窑场最早可追溯至宋朝,不久后迁至建阳附近。众所周知,该窑场元朝时一直在烧制瓷器,但极可能在明朝初期就已开始断断续续运作。其邻近的德化窑更为重要,且景德镇瓷器发展迅猛,这些很可能就导致了这一瓷器最终在明朝中期绝迹。

中国的文学作品中对这种瓷器的评价并不算高。《陶说》中引用的《格古要论》描述"其碗盏多是撇口,色黑而滋润。有黄兔毫斑、滴珠大者真"。但人们认为这种器物厚重又粗糙,未给予其高度重视。其薄者更受青睐,但我们知之甚少,甚至一无所知。

典型建窑瓷器胎体厚重,色黑,高温下烧制呈深红色。《格古要论》中提到官窑时称"有黑土者谓之乌泥窑",无疑应是建窑,作者错误地将乌泥窑归为官窑:一部17世纪的著作①指出乌泥窑不应归为官窑。

建窑釉面同样与众不同,厚重而黏腻。颜色青黑,密布金褐色条纹和斑点,这就是"兔毫纹"或"鹧鸪斑纹"的由来。如仔细端详一件典型的建盏,可发现其口沿处釉层偏薄,釉水向下流动,在底部聚集。似乎釉水中途停止流动,又似乎如果陶工技艺不纯熟,所有釉水就会滑落杯中。许多例子表明,这种情况经常发生,裸露的口沿常常包镶银铜。外壁可见釉水同样缓慢流下,不及底部,出现大的厚卷和滴珠状挂釉。杯、碗底部聚釉处呈现奇妙光泽,深蓝色或略带紫色的色调使其极具美感。

不同器物上的兔毫釉斑面积差别很大,有些几乎可以盖住蓝黑釉;而其他一些最受喜爱的器物斑点间隔更宽。插图38图1就是个很好的例子。

这些斑纹或许各不相同,银色斑或"油滴"可能会取代金褐色条纹。这些斑纹的标本十分罕见,但带有北方灰胎和"油斑"釉的标本可见插图38图2。插图39图3可见另一件建阳黑瓷,覆以黑釉银斑。如果收藏家们能得到这两种标本,那实在是太幸运了。威

---

① 《博物要览》。——原注

廉·伯顿先生①这样解释兔毫斑:"闪亮外观和精细条纹都源自釉层冷却时析出的极小人造云母晶体。当釉仍在流动时,晶体长轴与釉的流向平行排列,从而产生东方人喻为兔毫的光学效果。"伯顿先生又详细解释道:有几种不同的云母,制瓷业中最常见的一种叫作金云母,与之密切相关的另一种为黑云母,富含铁。为了方便理解,我们可以认为它是含有过量铁的普通云母。伯顿先生解释说,正是这种物质在釉料冷却时析出,形成了褐色兔毫斑。银色斑点亦是如此,但其源自金云母,或是另一种白云母。

这些斑纹都十分醒目,且会形成非常有趣的系列,能呈现不同的形式。在杯子被过度烧制的地方,釉面可见裂纹,就像在阳光下暴晒过的泥浆。

这些杯、碗的用途非常有趣。中国人向来热衷竞争,这些碗被用于斗茶大会。这种大会在宋朝非常流行,或许在后来的日本更为风靡。

这解释了为什么日本人是这些碗的狂热顾客,也说明了此类一流器物在欧洲罕见的原因。

斗茶大会是指每人用自己的茶盏泡茶,水痕耐久者为胜。这些器物的胎体厚度和釉色都很恰当,适合泡茶。其厚胎蓄热性良好,黑釉便于裁判观察最后茶花消失的时间。对西方人来说,这种游戏似乎很奇怪,但毕竟轮盘赌亦不是明智的赌博方式。

这些碗也用于日本的饮茶仪式,称为茶道(Cha no yu)。茶最早是在公元805年由一位日本佛教僧侣从中国引入日本的,但显然并未得到持续的青睐,直到1191年另一位佛教僧侣再次将茶引入日本。大约两百年后出现著名茶社和茶会时,人们才第一次提到茶道。这些仪式的规则很奇怪,这里或许不便描述:茶被研磨成细粉状,置于两三英寸高的褐色粗陶罐中。将粉末状的茶舀入茶碗中,加以沸水;进行搅拌,直至看起来像菠菜和水的稀薄混合物,饮用时不加牛奶或糖。一碗茶被献给宾客,客人轮流轻品。饮茶完毕,客人轮流观赏茶碗,此时主人会对此茶碗的历史、稀有度和妙处进行介绍。

这些茶碗在日本被称为天目碗(temmoku),其名字源于制造地附近有座山,被称为"天目山"。在日语中,天目山为 Temmoku-zan。天目(temmoku)现用于指所有带有兔毫纹的茶碗,不论其是否产于建阳。

值得注意的是,这种建阳瓷器的典型黑釉很少出现在茶碗之外的器物中。更北方制作各类器型的窑场在浅色胎体上制作兔毫纹和各种黑釉效果;但以我的经验来看,瓷瓶和瓷罐里是找不到建釉黑胎的标本的。

在介绍各类建窑瓷之前,必须提到这些瓷器的仿制品。如前所述,日本人非常重视这些天目碗,因此日本制造的仿品很常见。中国产的此类瓷器胎质粗糙,而日本仿品的

---

① 《瓷器通史》,第 1 卷第 18 页。最近对这种釉料进行的显微镜检查表明了其他解释的可能性。——原注

质地更加细腻,颜色偏红褐色。简而言之,日本的工艺品制作更为精细,有一种日本"气质"。读者会认为这种区别十分微小,事实是这种差异即便十分有经验的行家也难以察觉,因为这些仿品实在是精妙绝伦。

收藏家会发现相当多早期器物,浅黄胎体上施建釉,质地比建阳的粗黑胎体更好,颜色更浅,重量更轻。对于那些渴望追踪标本源头的人来说,研究早期中国瓷器既令人烦恼又十分有趣。一方面,我们从中国文人笔下了解到很多我们从未见过的器物;另一方面,我们收藏的一些器皿至今还无法找到归属的窑口。对于那些不在乎这些碗、罐出自何处的人,只要标本在艺术上令人愉悦,这些困惑就毫无意义,他们为拥有一件美的东西而欣喜,而不会去追根究底。

接下来要描述的器物显然产自河南省,但具体来自哪个或哪些窑场,目前难以明确。但可确定,大多数出土于河南。

建窑瓷大多为杯和碗,而此类瓷器器型更丰富多样,常见大尺寸带盖球形罐,可能还有不同类型的酒罐和花瓶。插图 41 中展示了一件特别精美的黑釉和铁锈釉花瓶。

其釉面与建釉非常相似,但没那么厚重黏稠;同样未涂化妆土,直接在胎体上施釉。金褐色斑点更大,更像泼洒的斑块而非斑点;有时这些更突出的红褐色椭圆形斑块在容器上以对称的方式排列,看起来好像陶工已经掌握了这门制作技艺。插图 42 图 2 可以看到此类器物。

一件蓝黑釉标本上也出现了这种受欢迎的河南"兔毫纹",其上有黄绿色条纹或斑块,见插图 42 图 1。

其他器物则是浅黄胎体施纯黑釉,这些也可能是河南陶工的作品。

这些器物的年代难以确定,看起来至少可追溯至宋朝,但其中一些特征又指向唐朝。一般来说,这些瓷碗的底部比建盏窄,釉面向下延伸得更远。事实上,有些的圈足也施釉。

黑釉上的斑块可能是灰白色而非金褐色,图案装饰在这类瓷器上也很常见。

更为美丽的釉面效果出现在"玳瑁①"釉中。黑釉与黄釉斑纹偶尔交织在一起,其外观与玳瑁相似。插图 39 图 1 可见此类精美标本。插图 40 图 1 则展示了另一个施同类釉料的碗。

某些标本中的玳瑁釉不甚美观,可能是因为烧制失败。有时在深褐色釉或黑釉的底色上会出现一团不同色调的灰色斑块。与其说这些富有艺术感,不如说具有奇特性。

---

① 玳瑁,海龟科玳瑁属爬行动物。玳瑁体型大,吻略长;头部有对称光滑鳞片,四肢桨形,外侧各具二小爪,尾甚短;背甲棕褐色,有深浅环状斑及浅黄小花斑;头部栗色,每个鳞缝间黄色,具光泽。——译者注

河南陶工无论身处何地,都十分擅长利用偶然发现的事物来进行装饰。虽然很罕见,但可见一些器物,黑釉上装饰金褐色或灰绿色树叶纹。显然,这是以一片真正的树叶模印而成的装饰效果。

最后,还有一些碗,有时被称为"红定"或"褐定"。这些碗胎体浅黄,看起来不似定窑胎骨般白皙精细,而且通常相当厚重。其釉色为红褐色,最常见的是釉水顺着浅碗圈足继续流动至圈足内部,有时由于竖放,圈足可见胎体。其釉色给人的印象是一个完整的红褐色斑块集合,与前文已经描述过的类型相同。事实上,在这些标本上,人们通常可以看到红褐色釉层透出微小的黑釉斑块。如果釉料中的云铁母冷却时在釉层表面形成红褐色斑纹,那这些"完全飞溅"的例子则是釉料中铁过度饱和造成的。

《陶说》①中提到了定州兔毛花和"琢红玉"般的瓷器。毫无疑问,正是这些史料促使收藏家们寻找红定或褐定②,并努力探寻这些红褐色的河南碗是否产自定州陶工。迄今为止,看到的标本并不令人信服,其不具备定窑陶工或南宋时期在景德镇的定窑传承人的精妙工艺。

另外,有褐色釉碗,胎骨更白,且胎体极薄。我们见到的这类标本来自高丽。此类型中最好的一件标本见插图40图2。

还有大量来自高丽的建窑类瓷器,实际上很难与河南标本进行区分,这些高丽标本主要产自高丽王朝(924—1392)或者更早③。然而令人怀疑的是,究竟这些瓷器是否真的产于高丽。它们很可能是从中国进口的,随着时间的推移,被人们误认为是高丽陶工的艺术典范。

事实上,这些与建窑有关的瓷器的准确出处尚不得而知,而且历史文献中也没有这类瓷器的记载,所以如今的仿制者会觉得这笔生意无利可图。因此,收藏家不太可能遇到建窑河南分支的现代仿制品。

---

① 第5卷。——原注

② 正如(本书原著)第92页已经解释过的那样,磁可能意味着紫色或褐色,这是《陶说》中提到定窑时主要使用的形容词。这里指的不是磁州窑。——原注

③ 参见拉克罕姆先生对《高丽陶瓷勒布朗德收藏目录:维多利亚与艾尔伯特博物馆手册126 C》的介绍第15页。——原注

图 1　　　　　　　　　　　　　　　图 2

插图 38

图 1　建窑:黑釉茶盏,黑色胎体,兔毫斑,口径 $4\frac{5}{6}$ 英寸,宋代,O.拉斐尔先生藏品。

图 2　建窑类:黑釉油滴盖罐,灰色胎体,黑釉,油滴纹,高 6 英寸,宋代,G.尤摩弗帕勒斯先生藏品。

图 1

图 2　　　　　　　　　　　　　　　图 3

插图 39

图 1　建窑类:玳瑁釉碗,灰色胎体,玳瑁釉,内底刮釉,口径 $5\frac{1}{4}$ 英寸,宋代,H.B.哈里斯先生藏品。

图 2　建窑类:黑釉碗,灰色胎体,黑釉碗身,白釉口沿,口径 $4\frac{3}{4}$ 英寸,宋代,G.尤摩弗帕勒斯先生藏品。

图 3　建窑:蓝黑釉碗,黑色胎体,蓝黑色釉,银色斑点,口径 $6\frac{1}{2}$ 英寸,宋代,G.尤摩弗帕勒斯先生藏品。

图 1

图 2

图 3

插图 40

图 1　建窑类：斑驳釉碗，灰色胎体，斑驳釉块，口径 5 英寸，宋代，G. 尤摩弗帕勒斯先生藏品。

图 2　建窑类：红褐釉锥形碗，浅灰色胎体，红褐色薄釉，因此又称"红定窑"，口径 $5\frac{1}{8}$ 英寸，宋代，

　　　G. 尤摩弗帕勒斯先生藏品。

图 3　黑釉碗，灰白色瓷质胎体，亮黑色釉，釉未及底足，口径 8 英寸，宋代，J. 贝尔德先生藏品。

插图 41

建窑类:撇口黑釉瓶,灰白胎体,黑釉,瓶身大段呈红褐色,高 $9\frac{1}{2}$ 英寸,宋代,G. 尤摩弗帕勒斯先生藏品。

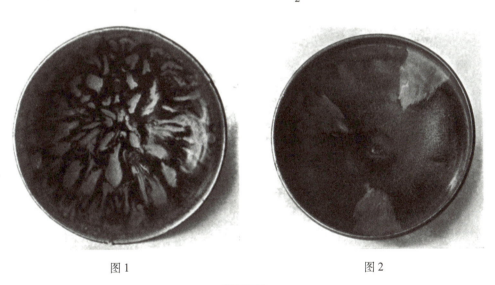

图 1   图 2

插图 42

图 1   建窑类:黑釉黄绿斑纹茶盏,灰色胎体,黑釉,黄绿斑块,口径 $4\frac{3}{4}$ 英寸,宋代,G. 尤摩弗帕勒斯先生藏品。

图 2   建窑类:黑釉铁锈斑纹碗,灰色胎体,黑釉,铁锈斑三块,兔毫纹,口径 $7\frac{1}{2}$ 英寸,宋代,G. 尤摩弗帕勒斯先生藏品。

第十六章　宋元时期各式窑场

　　宋朝一些小型窑场的名字即使值得记忆，也几乎不可能全部记住，这些窑场都在生产与知名窑场相似的器物。正是这个原因，我将在本书最后提及那些次要的窑场及其产品类型。本书尽可能遵循相同的介绍顺序，即总在某一节或某一章的末尾提及相关次要生产中心。此外，本书的介绍顺序始终一致：首先描述主要产瓷中心的地理位置，其次是胎身特点及釉质特性，随后介绍生产相关器物的次要中心，最后提及后代仿制品和赝品。

　　然而，有些窑场难以纳入前面的章节，所以必须单独在"各式窑场"这一章节中进行介绍。这一处理方式非常有意义，就像会计师会列出"杂项支出"，但不会过于详细地解释该标题项下所包含的物品。

　　宝山县显然在宋朝就生产过重要的器物。我们对这个窑场中心的了解主要归功于贝特霍尔德·劳费尔先生，其珍贵著作已在附录二中提及①，他对方法敛先生于1903年从山东魏县坟墓中出土的器物进行了全面描述。宝山县同样位于山东，劳费尔先生将其与现代宝山瓷器对比，得出结论：墓中器物由宝山窑烧制。据描述，胎体颜色从浅红到灰色不等，大多数标本胎体为灰色调。不难推测，人们当时用宝山附近的特殊黏土制作了一种浅黄褐色胎体，有时由于铁元素过多，烧制后呈现出红色。

　　宝山窑釉面大致有两种。第一种为白色或黄色色调，上面以黑彩或褐彩绘制当时磁州窑的流行图案。事实上，从所给的插图来看，这种类型的瓷器会给行家们带来有趣的挑战。大多数收藏家遇到这种瓷器，都会将其归为磁州窑。

　　另一种釉面则截然不同，从深褐到亮黑不等。这些器物包括广口罐、窄颈瓶、耳罐，其耳部用于系提绳，还有浅口碗。黑色釉面通常只延伸到容器外壁四分之三处。标本之一的底部有一个浅浮雕万字符。我曾见过一个扁壶状小罐，双耳，其表层的黑色细釉经掩埋已部分脱落，釉面延伸至四分之三处。其底部浅灰色素坯上有一个十字②状浮雕。尽管浮雕上的标记确实不是万字符，但估计出自宝山。该扁壶虽已出土，但如往常一样，无人能确定其来源。

---

　　① 《汉代陶瓷器论考》。——原注
　　② 这个标记可能代表了数字"十"（见原著第146页）。我们已知，不仅是钧窑，还有更早的汉代瓷器都按系列进行编号，这个小扁壶可能是第10件，或是该类型器物中尺寸最小者。参见原著第82页及其脚注。——原注

陕西省有两家窑场,我们对其所知甚少,它们分别位于雷乡①和白水县。据描述,其所产瓷器为深绿色,装饰既不沉于釉下亦不突出釉面。这个较为模糊的描述表明,其装饰刻于胎体或采用最浅浮雕,再施以足够厚的釉料,因此表面平整。那些源自中国北方②的瓷器中,有一些大致符合这样的描述,因此可将其归于这两家陕西窑场。

宋朝时期,江西省景德镇附近的湘湖有一家窑场,据说该窑场所产瓷器施稻草黄裂纹薄釉或淡青薄釉。

河南窑场中心群(宋朝时开封府为主要制瓷中心之一)不远处的南面是许州镇。据说那里生产带装饰的素白色瓷器,有些可能类似磁州窑风格,抑或像上面描述的宝山带装饰的瓷器。该中心明朝时也在运作,而且当时该中心制作的瓷器比当代的磁州窑器物更佳。

据说元朝时期,景德镇当地窑场面临来自其他窑场的竞争,例如临川窑场。临川位于江西,离景德镇南部有一段距离,此地生产一种白瓷,但我们目前没有经鉴定属于该窑场的标本。

湖田窑是另一家距景德镇较近的窑场,实际仅一两英里远,元朝时期进行生产。该窑口生产白釉瓷,但显然土质粗糙,釉色黄不溜秋。在描述江南定瓷时,曾提到一些白釉标本上有褐色斑点。湖田窑所产瓷器上也有类似斑点。

元朝时期,有陶工在北京附近的琉璃渠制作陶瓷。如今那里仍生产现代陶瓷,但我们对其古时的制品知之甚少,甚至一无所知。

在约1780年编纂的《瓦字典》中,提到了一家湖北襄州的窑场。我们没有找到湖北省其他窑场的相关记录,但关于这个地方,有个有趣的故事:四川巫山峡,即扬子江上游有一个隘口,也是四川与云南交界处,在那里人们发现了适合制作陶器的黏土,并将其运送至湖北襄州(两地相距500英里左右)。所有从该地窑场运出的瓷器,其内壁都记录着这个传说;甚至后期产品,直接将该故事画在器身之上。

公元前4世纪③,诗人宋玉任士大夫。当时巫山峡谷里住着一位"巫山神女"④。某日,宋玉陪同楚襄王游玩至此。楚襄王见其上独有云气,崒兮直上,忽兮改容,须臾之间,变化无穷,乃问:"此何气也?"玉对曰:"所谓朝云者也。"其后又曰:"昔者先王游高唐,怠而昼寝,梦见一妇人曰:'妾,巫山之女也。为高唐之客,闻君游高唐,愿荐枕席。'王因幸之。去而辞曰:'妾在巫山之阳,高丘之阻,旦为朝云,暮为行雨。朝朝暮暮,阳台之下。'"⑤

---

① 此处为音译,未找到相关资料。——译者注
② 见(本书原著)第114页。——原注
③ 此处时间有误,应为公元前3世纪。——译者注
④ 巫山神女在后来的诗歌和浪漫主义文学作品中占有极高的地位。参见梅辉立所著《中国辞汇》的中文读者手册,第873号。——原注
⑤ 见先秦宋玉所著《高唐赋》。——译者注

人们将"阳台"解读为天体之一，即神仙休息之地。

在引用了这个浪漫的传说之后，作者接着提出了自己的批评意见。

"在我看来，我并不认为这个故事（即窑场故事）是完全真实的。怎么可能要经过如此复杂的仪式，怎么可能将材料运往如此遥远的地方，早期的陶瓷怎么可能保持不变如此之久。但就我所知，宋朝时该地确实产瓷，因为路过河南时，我看到了产自这个地方的碗、杯，并使用过这类杯子，而且时至今日，这些器物仍然存在。"

"至于黏土，经过仔细调查，发现并非从巫峡运出。最初的杯碗产自巫峡附近，做工粗糙；而后，人们对黏土性质进行调查，发现襄州附近有种近乎相同的黏土。结合此前证据可确认，这种黏土就是所有杯碗的原材料。"

作者最后写道："事实上，如果这段历史广为人知，我不知道怎么会有人相信我的同胞。"

陶瓷器物上的上述标识十分有趣，且收藏者可能会遇到带有这些标识的器物。

据记载，以下标识深刻在器物最宽的部分以及颈部，符号 🔲 刻在瓶身，符号 🔲 刻在颈部。

据描述，此类器物器无色且字无形。这大概是指其釉面是白色或奶油色，而上面的文字亦非常规书写形态。

在后来的朝代（即宋朝），瓷器器物上没有文字，仅有这种简单线条：🔲 代表天、地、魔鬼（天、地、魁）①。

明朝瓷器上的巫峡图画通常用 🔲 （巫鬼或巫妖）的标识替代。但是人们认为这种标识可能带来厄运，因此此标识常被抹去，或加入 🔲 （"神"）的标识来中和其性质。

作者继续写道："以我的个人经验来说，还有一件事，那就是后人会重拾以前的看法，即用经典符号来标记陶瓷。

"首先我要提到的是 🔲，代表 🔲（川）（四川的缩写）。

"第二个则是 🔲，代表的是 🔲^{yun}（云）和 🔲^{nan}（南）（即云南）。

"这些我亲眼见过，并且可以发誓其确实存在，其中一些保存在福建福州的明朝寺庙中。"

《瓦字典》中记有一些其他窑场的传说和器物标识，但大多与明朝或更晚时期的器物相关，因此不再多做叙述。上面引用的翻译和解读是怀曼特先生根据对原文的研究帮助我所做的一系列工作之一。

根据其他资料可知四川有两家窑场：一家在大邑，生产牢固而轻巧的碗；另一家在四

① 天指顶层空间，地指暗处和下层区域，或指底层地狱。可参见原著第 147 页对阴阳的释义。——原注

川省会成都,那儿有个明朝窑场。但更可能的是,有许多小型的、不知名的陶瓷中心散布在中国有适宜瓷土的地方。这些不重要的窑场往往不会出现在文学记录中,除非是一些特别注解和当地文件。如果能对这些描述性的书籍进行更彻底和详尽的翻译,我们也许能找到一些目前我们无法确定的器物的来源。另外,这些书籍包含了大量无关紧要的内容和传说,虽有趣,但对陶瓷研究而言没有太大价值。因此,使用时需有相当的鉴别力,过分重视其内容存在一定的风险,容易让收藏家得出错误结论。

至此,本章已介绍了许多窑场,其器物有的完全无法追溯来源,有的只能进行试探性猜测。还有一系列标本,从其风格、制作和釉面特征来推测,极可能产自宋朝,但我们对其出处知之甚少,甚至一无所知。虽然已经考虑过其中一些标本的可能出处,如"中国北方"的青瓷和与定窑相关的器物,但还是有一些标本无法与已知类别联系起来。

此外,还有一些标本被中国鉴赏家归为宋朝,但乍一看更像产自宋朝之后。

推测器物归属是一项令人着迷的工作,将器物插图呈现给读者并加以描述是值得的。这样可以进一步鼓励人们尝试进行分类,也有利于人们对器物的制造日期和地点有更明确的看法。

下面要提到的第一组瓷器非常重要,其中包括斗笠碗。斗笠碗,小圆足,内壁不施釉,口沿呈线形,凸出于圆底。这类器物还包括花瓶、碟子和盘子。这些器物的外壁几乎都无装饰,但内壁却有刻画或浮雕图案,一般为几何或花卉图案。①

这类器物外观似塔糖,胎体很薄,呈半透明状;有时底部露胎处略带红色,表明其中含铁。其釉色透明,呈现明显的蓝色色调。斗笠碗内部中心处,蓝色明显,因为釉水在此聚集。外壁处,釉水均匀流至圈足,但不覆盖底座。插图43 图3 中展示了一件此类标本,还展示了一件造型可能是狮子的摆件,其器身和釉色都符合上述描述。

人们认为此类瓷器产自高丽,是我们所知的宋朝器物中最透亮的,但其底面修整,并不似寻常的高丽瓷。霍布森先生②赞同这一分类,并指出,虽然在高丽墓中发现了这些标本,但只有中国商人发现了它们存在的证据。另一个学派将这些器物归为"中国北方"的瓷器。这种模糊分类很方便,前文也提到过;而高丽瓷和中国北方瓷无疑是同根同源的,因此它们在技术上不会有很大的差异性。读者必须自行辨别器物归属,但无论如何,如能将这种独特非凡的高级瓷纳入自己的收藏中,必将无比欢欣雀跃。但如拒绝收藏这类高丽器物,无疑是将这种器物归类为"中国北方"瓷。③

---

① 这类瓷器有几件出现在维多利亚与艾尔伯特博物馆的《高丽陶瓷之金色收藏目录》(*Catalogue of the Le Blond Collection of Corean Pottery*)中,如第4 和第38 页插图。伯纳德·拉克姆(Bernard Rackham)先生编撰的目录及其非常有用的介绍,主要涉及高丽陶瓷,但也提供了大量有关早期中国陶工作品的信息。——原注

② 《中国陶瓷》,第1 卷第150–151 页。——原注

③ 参见本章末尾的进一步说明。——原注

另一大类器物包括白瓷，但此类白瓷与定窑瓷无关联。这类归属存疑的器物一部分拥有高透明度的胎体和厚重滋润的釉面，外观类似早期器物，似乎产自宋朝。另外，这些器物体现了宋、明两朝制瓷工艺的结合，可以推测是福建陶瓷工匠的早期产品。可见明朝时，福建陶工在德化从事陶瓷生产。其他一些简单器物胎体较不半透明，釉面略带奶油色，与明朝器物密切相关，但明显更具宋元特征。

还有一组非常讨人喜爱的小碗，圆形窄圈足，底座无釉。胎体细腻，略微透亮；白色釉面上"泪痕"不明显，外壁常见多处露胎。碗内壁通常装饰精美的微浮雕图案，碗内底有刮釉，可见叠烧时上层器物底足置于其上。无釉内底中心有一块圆片状釉斑，通常装饰浮雕纹样。插图43图1为此类标本。此类器物通常与定窑有关，但同时也具备自身独有的特征，因此需在此而非在第十一章提及。河南墓葬中已出土此类瓷器标本。

插图40图3中可见一件精美标本，出处不明。该碗高度瓷化，敲击时发出的响声与18世纪景德镇所产瓷器的声音一样清脆。胎体纹路相近，但胎骨比景德镇白瓷更灰。标本外壁可见黑釉均匀向下流动，而内壁则被黑釉均匀覆盖。该碗足部是典型的宋足。不管这件器物出自何人之手，都一定是一位杰出的工匠，但以我们现在的知识难以对其进行更深层次的分析。

我曾见过一个更为惊艳的黑釉碗，与图3有一些相同的特征。无图片可供参考，因为收藏家已不太可能再遇到这样的精品了。该碗质量上乘，釉面光泽和颜色强度均无与伦比。碗底以三个小球作为底足，底足釉面与其他部分一样。该碗内外皆施釉。一些鉴赏家认为这是一件宋朝标本。

每一个收藏家偶尔都会遇到无法归类的标本，在相关书籍或展览图录中都找不到令其满意的相似物。本书前几章几乎包括了所有主要的瓷器类别，但每一类别都有一些旁系分支，无法在一本书内全部加以详述。事实上，对所有分支加以详述也会让普通读者觉得更难理解。也许收藏中最大的乐趣之一就是遇到一件带有某种新特征的标本，而后尝试将其归至已知类别中。

随着时间的推移和知识的扩展，早期中国瓷器的收藏者会认为这种书已然过时。但不同阶段的呈现本身就具有一定的意义，这就是我将本书参考文献按时间排序的原因。

本书进入校对阶段以来，从中国的两个独立来源渠道收到了一些有趣的信息，信息涉及本章之前描述的器物。它们有着极为半透明的甜白色胎体和蓝白色釉面，特别是在装饰的凹陷处，蓝色更为明显。信息总结如下：这种器物被称为影青窑或粉青窑，影青意为"朦胧蓝"，而粉青则为"柔和蓝"。有报告进一步指出，此种器物来自宋朝钧州著名的钧窑。据说最近运来的一些器物来自最近挖掘的河南墓葬，上面还覆盖有黄土。钧州位于河南省。如果此种器物确实来自钧窑，那么它们并不似项元汴图谱中所说的那般罕见。在得到进一步确认之前，收藏家最好满足于拥有一件如此精美的器物，而不要贸然断定自己拥有了河南著名窑场的器物。

图 1

图 2

图 3

插图 43

图 1　定窑类:窄足碗,白色半透明胎体,无釉底,乳白色釉料,内底刮釉,浅浮雕云纹,口径 $4\frac{1}{2}$ 英寸,宋代,H. B. 哈里斯先生藏品。

图 2　动物摆件(狮子),甜白胎体,青白釉,$4\frac{3}{4}$ 英寸高,宋代,E. 贾伊先生藏品。

图 3　花卉斗笠碗,甜白胎体,高度半透明,雕刻花卉装饰,青白釉,口径 $5\frac{1}{2}$ 英寸,宋代,G. 尤摩弗帕勒斯先生藏品。

第十七章　款识和铭文等

（1）款识和铭文

　　明前瓷器中，款识并不常见。明清时期，瓷器生产几乎全部集中在景德镇御窑厂，这些瓷器通常在底座以釉下蓝彩题写皇帝年号，也有少数是在其他部位。明朝瓷器上的年号，尤其是清朝瓷器，通常是已驾崩皇帝的年号，所以在确定相关器物年代时，不可依赖其款识。这些不属于其统治年代的款识不是为了蒙蔽粗心大意之人，而是写在具有该统治时期典型风格装饰的作品上，或是出于对相关时代陶工技艺的尊重和钦佩。因此，康熙年间（1662—1722）景德镇生产的许多瓷器上都题写着年号成化（1465—1488）①，这仅仅是因为成化年间以制瓷工艺和风格著称。

　　明朝和清朝统治时期的款识以釉下蓝彩②题写而成。釉下青花装饰在明朝之前使用并不普遍；正是在那个时期，中国开始从西方进口回青，也就是所谓的含钴矿石。毫无疑问，早期或多或少都已开始尝试以釉下蓝彩作为装饰。当时本地蓝为劣等品，需要进行多次提炼以获得满意效果，但即使如此，也未取得显著成效。任何早期的釉下蓝彩瓷器都呈色不佳。景德镇瓷器上的年号由专业部门中技艺高超的书法家题写，其使用的书写方式对确定以后的瓷器年代具有一定的指导作用。尽管如上所述，清王朝的瓷器上常见明朝皇帝的年号，但明前皇帝的年号极少出现在明朝及其之后的标本中，就我所知，还没有出现过任何一件经过鉴定的相关器物。明前瓷器的款识中少见年号，因此本书没有必要列出明朝之前统治者的年号以供参考。但偶尔也会出现一件带有纪年款的早期器物，其款识通常刻在胎体上，更少以釉下装饰的形式出现。

　　如果读者翻到插图44，就会发现一个相当有趣的盘子。该白色瓷盘，纹饰颇为精致，以釉下铜红彩绘制凤凰及五只围绕凤凰的蝙蝠。盘子背面为釉下红彩鲤鱼，象征吉祥，其上顶部横向落款三个汉字"灵和窑"，表明是灵和窑制品。竖向落款：至正元年蒋祈仿第一百零九。元朝最后一位皇帝是元顺帝，这位皇帝在其统治期间采用了三个不同的年号。他的第三个也就是最后一个统治年号是至正，于1341年开始使用；接下来的两个汉字"元年"表示"第一年"或"开始的一年"。很明显，蒋祈是制作这件器物的陶工名，其余款识的意思是"瓷器编号109"。整个款识可以翻译为"灵和窑瓷器：蒋祈制作于至正元

---

　　① 成化皇帝统治时期实际为公元1465年至公元1487年。——译者注
　　② 19世纪瓷器的款识有时用釉下红彩。——原注

年(1341年),瓷器编号109"。

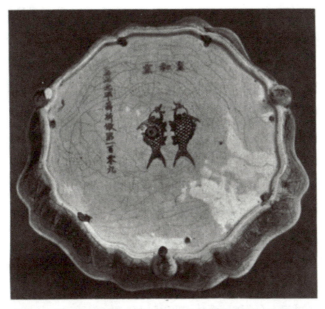

插图44

三足盘,白色胎体,半透明蓝绿色釉,铜红釉下装饰,盘面装饰凤凰及五只蝙蝠,盘底双鱼配题字,口

径 $9\frac{1}{2}$ 英寸,维多利亚与艾尔伯特博物馆藏品。

　　如果不仔细考虑根据款识年号划分所属年代存在的争论,便妄下结论,认为这件瓷器制作于元朝末期,这将是非常轻率的。因为如果这件器物被归为元瓷,那么目前关于元瓷的特点认知会被彻底推翻。我曾在前言中大胆引用了老子的一句格言,大意是"知者不言,言者不知"。这句格言对那些学者和收藏家同样适用。确切地说,那些对中国陶瓷指指点点的人通常知之不多,而缺乏自信且做过充分研究的人不会随意开口,但他们的话值得一听。因此,让我们以批判性的方式来研究这种特定瓷器,看看那些支持或反对其归属元朝的论据。此外,读者还可以在维多利亚与艾尔伯特博物馆亲眼看到这件瓷器,因为其前主人哈里斯先生最近将这件标本捐赠给了国家,然后可以自行做出判断。

目前假设该标本产自中国,对釉料进行化学分析后发现该器物产自清朝之前,因为釉料中含有磷酸盐。除了广东瓷器,柯里教授未在其他清朝瓷器中发现此种物质,而广东瓷器与此件标本完全不同。另外,分析表明,该标本与某些经化学检验确认产自中国北方或高丽的瓷器十分相像。如果其产自明朝,考虑到历史事实,很难理解其款识。

反对该标本归为高丽瓷的呼声要小得多。蒙古人对高丽的影响可能比对中国更深远,明朝的高丽陶工可能会如此题款,这一点也不难想象。但一位移居高丽的中国人可能没有任何理由像其他中国陶工一样,在其制品上书写一位逝去的元朝帝王的年号。即便如此,也必须考虑到这样的因素,即该陶工一定是在仿制元朝晚期的某些瓷器,可能是14世纪中叶的典型瓷器。人们已经注意到,这个盘子与其他高丽瓷和中国北方瓷器在化学成分上有相似之处。

另一种可能是该标本产自日本,猜测属实的话,其上款识一定是伪造的,纯粹而简单,而且这件器物肯定是在相对较近的时代制作的。若情况属实,则这件赝品制作极为巧妙,其制作和烧制都十分粗糙,整体变形,釉里红色亦不均。其器身上题写着一个不起眼的、至今不为人所知的窑口名以及一个不寻常的年号。

"仿"这个字的使用很重要。该字通常表示"模仿"或"复制",而不是"范例"或"模型",在陶瓷铭文中通常以此字来表示复制品的意思。这件器物上的"一百零九"令人费解,因为铭文似乎更多地指向一系列试验品,而不是某一特定类型器物的第109件仿品。如果它是明朝晚期或明朝之后的一系列仿品之一,那么但愿同批的其他仿品能够制作得更精良。至少,一些陶工认为这件标本是元朝末年制品的后期仿制品,最可能制作于1341年。明宣宗统治时期(1426—1435),釉下铜红装饰似乎已达到巅峰,从还原的氧化铜中提取的血红色据说是当时的重要特征。也存在这种可能,即陶工花了一段时间才达到这样完美的效果,并且许多年前陶工就已经开始尝试这类制作方法。

读者也许会认为我用了过多的篇幅来介绍这一件器物,但如果不加讨论就将其收入插图,且不提出其中的诸多疑点,便是不够严谨。将这件器物列入本章的初衷是希望其他人可以思考这些可能性,并希望关于这一纪年可以有确定的依据。上述讨论可能有用,因为它提供了在进行初步但合理的猜测时可以适当参考的依据。

纪年款还有其他形式,其中循环纪年款并不罕见。下面来介绍一下干支款的体系,该体系应该是由黄帝设立的。中国人最初设想六十天为一个周期,后发现十分复杂,还要考虑超过两个月相的时间,所以他们把周期单位改成六十年。这个体系由十个天干和十二个地支组成。一个干和一个支结合在一起表示周期中的一年。第一干和第一支代表第一年;第二干和第二支,为本周期的第二年;以此类推到第十干和第十支。第一干和第十一支代表第十一年,第二干和第十二支表示第十二年,第一支和第三干为第十三年,等等,直到循环结束,再从第六十一阶段开始重复这些组合。

这听起来相当令人困惑,通常以文字介绍组合会很复杂,下面的表格将有利于理解该体系。

甲 chia	乙 i	丙 ping	丁 ting	戊 mou	己 chi	庚 kêng	辛 hsin	壬 jên	癸 kuei
子 1	丑 2	寅 3	卯 4	辰 5	巳 6	午 7	未 8	申 9	酉 10
戌 11	亥 12	子 13	丑 14	寅 15	卯 16	辰 17	巳 18	午 19	未 20
申 21	酉 22	戌 23	亥 24	子 25	丑 26	寅 27	卯 28	辰 29	巳 30
午 31	未 32	申 33	酉 34	戌 35	亥 36	子 37	丑 38	寅 39	卯 40
辰 41	巳 42	午 43	未 44	申 45	酉 46	戌 47	亥 48	子 49	丑 50
寅 51	卯 52	辰 53	巳 54	午 55	未 56	申 57	酉 58	戌 59	亥 60

第一行的十个字符代表十干。每一个循环纪年款中,都会发现一个干与一个支结合在一起。如果根据款识中已知天干字符垂直往下看,直到遇见款识中的地支字符,就能立刻读出款识年份。

例如,某款识中发现了"辛"字:从左往右看,是第八干。与它相连的字是丑,即第二支。再以"辛"为首的一栏中垂直向下看,可在表格第五行看到这个组合,显示为三十八年。

对于有数学头脑的人来说,如果能够记住天干和地支的顺序,再借助以下公式,便可确定一个周期内的任何一年,这也许意义非凡。

假设 k = 循环中的数字,s = 干,b = 支。

(i)如果 $s = b$,则两者 $= k$。

(ii)如果 b 小于 s,$k = 6s - 5b$

例如,$s = 6$,$b = 2$;那么 $k = 36 - 10 = 26$ 年

(iii)如果 b 大于 s,$k = 6(s + 10) - 5b$

例如,$s = 3$,$b = 9$;那么 $k = 6 \times 13 - 5 \times 9 = 33$ 年。

但到目前为止,我们只明白如何表示某一周期的某一年,仍然很难确定是哪一个特定的周期。要想确定特定周期,只能通过其他依据,因为该体系只能帮助确定 60 年范围内的准确年份。如果还书写了皇帝名号,便可精确到年份,但如果没有统治者名号,就只能靠其他依据了。

从汉朝到明初的每个周期开始年份如下:公元前 236,176,116,56 年,公元 4,64,

124，184，244，304，364，424，484，544，604，664，724，784，844，904，964，1024，1084，1144，1204，1264，1324，1384 年。

如前文所见，钧窑碗的底部通常刻有数字，因此很容易总结出表示 1—10 的字符。

1 = 一	5 = 五	9 = 九
2 = 二	6 = 六	10 = 十
3 = 三	7 = 七	
4 = 四	8 = 八	

除了数字和纪年款外，还可以发现其他刻在胎体上的文字。铭文可以用尖头工具写在器物底部裸露的胎体上，或写在器物釉下胎体的上部分。此类款识是在制作胎体时题写的，与烧制后以金刚石在釉面上划出的款识完全不同。中国的收藏家常以第二种方式在其藏品上刻上自己的名字，还有许多赞颂之词也以此种方式记录下来。

制作胎体时题写的款识更为有趣。除了少见的陶工落款外，其他铭文难以归类，只能大体概括。它们可能与该器物所属家族有关，更常见的是祝福与献词。但无论哪种情况，这些铭文都很难辨认，因为使用的工具会使文字的轮廓变得粗糙，而釉面往往也会部分掩盖刻下的字符。

阴阳符号年代久远，使用频繁，对它进行一些解释可能会有助于理解。阴阳符号通常表示为☯。天字可能来自金天氏的标记，即☆或☆，这个符号最初为☆。其底部图案代表人，上部图案首先是明亮的天空，以阴影部分代表；更高的是黑暗世界，以虚线部分表示。明亮的部分称为阳，黑暗的部分称为阴。阳意味着明亮、光泽、男性与强壮；阴则意味着黑暗、隐秘、女性与弱小。中国人认识到，乌云引发闪电和雷鸣，源自阴；同样，从地下火山中爆发出来的东西，亦源自阴，正如该符号的另一种形式☆。

阳代表男性元素，阴代表女性元素，二者结合产生"子"或者"人"。这三者结合在一起形成一个整体——万物，其义为世间所有事物或是宇宙。与此类似，天、地和水结合，形成了道教的三界，即"上、中、下"。这三种祭祀形式也体现了人们对天神、地祇及鬼人的崇拜。

铭文和款识在明清时期很常见，从中国文学作品中可以获得许多与之相关的有趣信息。怀曼特先生替我核查中国书籍中的铭文和陶工款识时遇到了相当大的麻烦，但也有许多有趣的发现。这些发现对后期瓷器研究特别重要，但不便在此详细叙述。因为许多发现都与古代故事有关，但本书的目的是讲述早期陶瓷器物，而非其传说。此外，许多章节已讲述了有趣的故事，这些故事成为陶瓷艺术家的绘画主题。关于陶工的款识，已在前文（第九章）介绍了钧州窑场的款识。

（2）中文名的发音

只要不误解元音和辅音的作用，中文人名和地名的正确发音对收藏家来说都不成问题。他们甚至认为,将官窑发音为"gor-yow"或将汝窑发音为"Ru-Jo"过于矫揉造作。欧洲收藏家更容易因北京人的发音而感到困惑,反而中文字对应的英语读法对他们来说更易理解。中文发音多种多样,来自北京的中国人都很难理解其厦门同胞的语言。不过,如果收藏家想了解现在公认的韦德的罗马化汉语系统中辅音和元音的近似英语读法,那么下面的指南可能会有所帮助,尽管在某些情况下,这些发音仅是近似于英语发音。爱德华兹小姐对此进行了耐心校对。

a 发音同 father 中 a 的发音

ai 发音同 aisle 中 ai 的发音

ao 发音同 loud 中 ou 的发音

e 发音同 bet 中 e 的发音

ia 发音同 yard 中 ya 的发音

o 发音同 lore 中 o 的发音

ô 发音同 above 中 ê 的发音

ou 发音同 owe 中 o 的发音

ü 发音同法语 une 中 u 的发音

ŭ 发音同 adze 中 e 的发音

ch(不送气)发音同 j 的发音

ch'(送气)发音同 change 中 ch 的发音

ê 发音同 err 中 e 的发音/fur 中 ur 的发音

ei 发音同 feint 中 ei 的发音

i 发音同 machine 中 i 的发音

iʜ 发音同 church 中 ur 的发音

hs 发音同 sh 的发音

j 发音同 r 的发音

k 发音同 g 的发音

k'(送气)发音同 kind 中 k 的发音

p(不送气)发音同 b 的发音

p'(送气)发音同 peck 中 p 的发音

t(不送气)发音同 d 的发音;t'(送气)发音同 t 的发音

ts 发音同 hits 中 ts 的发音

tz 发音同 ts 的发音

另一个可能对收藏家研究窑场有用的关键点是对不同规模人口或地区命名法的解释。

府＝省内的一个地方或行政区域,由知府或太守管辖,听命于巡抚。府大致相当于英国的一个小郡县,也许更接近于法国的一个省。地方行政区的主要城镇设府,如开封府。

州＝一个大型城镇。对应英国的一个郡级市。

乡＝一个较小的城镇,相当于英国的一个自治城镇。

县＝相当于英国的一个农村。

镇＝一个村庄。

村＝一座村落。

江＝一条河。

山＝一座山峰。

因此,中国瓷都——如《陶说》中所说——江西景德镇,位于新平乡,属饶州府浮梁县范围内。

附录

插 图 列 表

卷首插图　骆驼骑士像,唐代,G.尤摩弗帕勒斯先生藏品。

续表

续表

精 选 书 目

(按时间顺序排列)

《格古要论》,对古物标准的重要讨论,曹昭著。中国,1387 年,修订于 1459 年。

《历代名瓷图谱》,项元汴著于 16 世纪的名瓷图片目录,S. W. 卜士礼译,牛津,1908 年(彩色插图)。

《清秘藏》,艺术珍品宝库,张应文著,中国,1595 年。

《博物要览》,艺术品概论,应泰著,中国,1621—1627 年。

《古今图书集成》(陶瓷部分),中国,1701—1728 年。

《陶说》,关于陶器的描述,朱琰,中国,1774 年,S. W. 卜士礼译,牛津,1910 年。

《瓦字典》,陶瓷词典,多人共著,中国,1780 年。

《景德镇陶录》,景德镇陶瓷记录,蓝浦著,1815 年;大部分内容由斯达尼斯拉斯·瑞里安在其著作《中国瓷器制造史》中进行了翻译。

Histoire et Fabrication de la Porcelaine Chinoise, by Stanilas Julien. Paris, 1856.

Chinese Reader's Manual, by W. F. Mayers. Shanghai, 1874.

Cities and Towns of China, by G. H. Playfair. Hong Kong, 1879 and 1910.

Ancient Porcelain, by F. Hirth. Leipzig, 1888.

The Religious System of China (vol. ii.), by J. J. M. De Groot. Leyden, 1894. (半色调插图)

History of China, by J. Macgowan. London, 1897.

Sketch of the History of Ceramic Art in China, by A. E. Hippisley. Washington, 1902. (半色调插图)

China, its History, Arts and Literature (vol. ix.), by F. Brinkley. London, 1904.

Porcelain, its Nature, Art and Manufacture, by William Burton. London, 1906. (半色调插图)

Chinese Pottery of the Han Dynasty, by Berthold Laufer. Leyden, 1909. (半色调插图)

Early Chinese Pottery and Porcelain-Catalogue of the Burlington Fine Arts Club. London, 1910. (彩色和半色调插图)

Ancient History of China, by F. Hirth. New York, 1911.

Epochs of Chinese and Japanese Art (vols. i. and ii.), by E. F. Fenollosa. London, 1913. (彩色和半色调插图)

Outlines of Chinese History, by Li Ung Bing. Shanghai, 1914. (半色调插图)

Chinese Pottery and Porcelain（vol. i.）,by R. L. Hobson. London,1915.（彩色和半色调插图）

Early Chinese Pottery and Sculpture-Catalogue of an exhibition at the Metropolitan Museum of Art,by S. C. Bosch Reitz. New York,1916.（半色调插图）

Beginnings of Porcelain in China,by Berthold Laufer. Chicago,1917.（半色调插图）

Encyclopadia Sinica,by S. Couling. London,1917.

Catalogue of the Le Blond Collection of Corean Pottery,by Bernard Rackham. London,1918. Victoria and Albert Museum handbook,126 C.（彩色和半色调插图）

Pottery and Porcelain Factories of China,by A. L. Hetherington. London,1921.（彩色地图）

History of Porcelain（vol. i.）,by William Burton. London,1921.（彩色和半色调插图）